Blankertz/Goodman - Staatlichkeitswahn

STAAT LICHKEITS WAHN

Blankertz/Goodman

Büchse der Pandora

Deutsche Erstausgabe 1980

Den Satz besorgte die Firma Hollmann in Limburg, den Druck des Umschlags die Druckerei der Gebr. Zimmermann in Balve, den Druck des Innenteils und die Bindung Clausen & Bosse in Leck. Das Umschlagbild malte Herbert Deiss nach einem Entwurf von Peter Großhaus.

ISBN 3-88178-033-5

Inhalt

Vorwort

Mit dieser völlig neuen Fassung der „Einführung in die anarchistische Kritik der herrschenden Zustände“ wird der in 3 Auflagen erschienene frühere Text, den ich mit Heinz-Jürgen Valeske verfasste, nicht ungültig. Allerdings vertritt der frühere Text die Gültigkeit anarchistischer Theoreme mit so schlichter Argumentation und so wenig entwickeltem Problembewußtsein, daß ich seine theoretische Überzeugungskraft nicht mehr für sehr groß halte. Ich hoffe, daß es mir bei dem vorliegenden Text gelungen ist, trotz der komplizierten Aussagenstruktur einen allgemeinverständlichen Einführungsstil zu bewahren.

Es hat sich herausgestellt, daß das „Anarchistische Manifest“ Paul Goodman's vielen Lesern Verständnisschwierigkeiten bereitete, die sich bislang kaum oder noch garnicht mit dem Anarchismus auseinandergesetzt haben. Darum habe ich meine „Einführung“ in den Anarchismus gleichzeitig als Einführung in Goodman's Manifest gestaltet. Dies erscheint mir als sinnvoll, weil Goodman's Gesellschaftstheorie einen Ansatzpunkt bietet, die klassische anarchistische Kritik unter den Bedingungen der Gesellschaft nach dem 2. Weltkrieg zu erneuern. Und nur, wenn diese Erneuerung gelingt, ist die Beschäftigung mit dem Anarchismus mehr als ein Wühlen in den verstaubten Annalen der ewigen Verlierer.

Das „Anarchistische Manifest“ - von Goodman 1945 als Verteidigung seiner Wehrdienstverweigerung und in Erwartung einer Gefängnisstrafe dafür verfaßt - hat seine gesellschaftliche Bedeutung schon bewiesen: In den 6oer Jahren wurde es zum Manifest der rebellierenden Jugendlichen in den USA. Diese Rebellion ist heute schon Geschichte und zwar wiederum eine Geschichte der Niederlage:

denn was immer die Erfolge der Jugendrebellion gewesen sein mögen, das Ziel einer Einrichtung der humanen Gesellschaft (was immer das heißen mag) ist nicht erreicht. Aber Goodman's Konzept geht über die Ansätze der Jugendrebellion hinaus und kann so dazu beitragen, sie kritisch zu analysieren, ihre Halbheiten aufzudecken und es in Zukunft besser zu machen.

1969, als Goodman enttäuscht die Wendung der jugendlichen Rebellen zum Leninismus feststellen mußte, verfasste er die „Notizen eines Steinzeitkonservativen"; sie zeigen, wie seine im „Manifest" ausgedrückte Konzeption „durch die Erfahrung gegangen" ist. Hier sind die Ansatzpunkte, an denen meiner Meinung nach eine neue anarchistische Politik entwickelt werden könnte, die gesellschaftliche Bedeutung erlangt.

Eine „Einführung" in den Anarchismus möchte ich also nicht durch die Vermittlung der klassischen anarchistischen Positionen geben. Vielmehr will ich mit der Erneuerung der anarchistischen Kritik unter den veränderten gesellschaftlichen Bedingungen den Anarchismus als lebendiges Prinzip vorstellen, daß geeignet ist, die herrschenden Zustände zu verstehen, zu kritisieren und - zu verändern.

Stefan Blankertz

Anarchismus - Kriegserklärung an den Staat

Veröffentlichungen

mit H.-J. Valeske, Anarchismus - Kriegserklärung an den Staat. Eine Einführung in die anarchistische Kritik der herrschenden Zustände. Westbevern 1976 (Verlag Büchse der Pandora)
ebenda, 2. und überarbeitete Auflage, Münster/Wetzlar 1977 (Verlag Büchse der Pandora)
ebenda, 3. und unveränderte Auflage, Münster/Wetzlar 1978 (Verlag Büchse der Pandora)
Der vorliegende Text ist vollständig neubearbeitet.

Was ist Anarchismus? Wer ist Anarchist?

„Unser Sein ist Werden,
unsere Wissenschaft ist Utopie,
unsere Realität heißt Eros,
unser Verlangen heißt Revolution."
- Murray Bookchin -

Jeder, der sich über „Anarchismus" ausläßt, hat das Bedürfnis, die Anarchisten in ein Klassen- (oder Schichten-) Modell einzuordnen. Nicht verwunderlich, daß die Meinungen über eine solche Einordnung wenig einheitlich sind: Dem einen ist der Anarchismus eine „Bauernideologie", dem anderen eine „Handwerkerromantik", wieder andere gestehen zu, er sei „Teil der Arbeiterbewegung", die einen halten ihn für „Kleinbürgerlich" oder für eine „intellektuelle Spielerei", andere bezeichnen ihn als „proletarisch", ja, geradezu „anti-intellektualistisch", die einen werfen ihm den Versuch zur „Klassenversöhnung" vor, andere „Klassenhaß", die einen bezichtigen ihn der „Fortschrittsfeindlichkeit", andere der „naiven Fortschrittsgläubigkeit". Nicht anders steht es bei dem Versuch, eine politisch-theoretische Einordnung vorzunehmen: Die einen halten den Anarchismus für einen (zu Ende gedachten) Ausläufer des Liberalismus, der Manchesterökonomie, für einen Superindividualismus; andere sehen in ihm den radikal-utopischen Flügel kollektivistischer (bzw. kommunistischer) Vorstellungen; die einen behaupten, in der Anarchie würden Auseinandersetzungen unmittelbar-gewalttätig gelöst; die anderen, es sei die Utopie der friedlich-harmonischen Gesellschaft. Philosophisch läßt sich der Anarchismus wahlweise auf Rousseau, Kant, Hegel oder Pumpelmus zurückführen - oder noch weiter zurückgehend auf Sokrates/Platon oder Aristoteles. Andere dagegen meinen, der Anarchismus sei eine spontan entstandene Begleiterscheinung der europäischen Arbeiterbewegung ohne eigene, philosophische Grundlage.

Es mag zunächst scheinen, als ob dieses Verwirrspiel aus Unkenntnis oder Böswilligkeit der Kritiker entstehe. Aber wenn wir uns Vertretern des Anarchismus in Wort und Schrift selbst zuwenden, finden wir die gleichen Gegensätze. Nicht nur zwischen verschiedenen anarchistischen Autoren tauchen diese „Gegensätze“ auf, sie finden sich sogar bei ein und demselben Autor. Peter Kropotkin (1842-1921) beispielsweise, dessen Kommunismus soweit geht, daß er einigen Anarchisten schon suspekt erscheint, bemerkt in seiner „Gegenseitigen Hilfe“: „Adam Smith und seine Zeitgenossen wußten wohl, was sie verurteilten, als sie gegen die Staatseinmischung ins Gewerbe und die vom Staat ausgehenden gewerblichen Monopole schrieben.“ - Max Stirner (1806-1856) knüpfte an Hegel an; Michael Bakunin (1814-1876) an Hegel und Marx; Pierre-Joseph Proudhon (1809-1865) an Kant; Peter Kropotkin an die englische positivistische Naturwissenschaft und Moralphilosophie; Gustav Landauer (1870-1919) an die mittelalterliche Mystik; Emma Goldmann (1860-1940) an Nitzsche und Ibsen - ein Gebrauchtwarenladen? Ein Sammelsurium? „Für jeden etwas“? Oder kündigt sich in diesem Chaos ein schöpferisches Neues an?

Es fehlt nun nicht an Definitionen des Begriffs „Anarchismus“ durch Anarchisten und durch nicht-anarchistische Anarchismusforscher. Diese Definitionen versuchen, eine gewisse grundlegende Übereinstimmung zwischen den verschiedenen anarchistischen Richtungen und Tendenzen festzuhalten. Allen anderen, die sich „anarchistisch“ nennen oder genannt werden, sich aber per Definition nicht unterordnen lassen,wird das Anarchist-Sein abgesprochen.“ (1)

Die Diffamierung des Begriffs „Anarchismus“ durch seine Gleichsetzung mit „Terrorismus“ läßt den Wunsch nach einer eindeutigen Definition verständlich erscheinen. Aber ich halte den Versuch einer Definition für unsinnig. „Denn die anarchistische Idee ist nicht in bestimmten einheitlichen, formalen und inhaltlichen Begriffen festgelegt (oder festzulegen), sondern in der Kontroverse der Überzeugung und der gleichzeitigen Entwicklung verschiedener Lebensformen. So (und nur so) kann sie als exaktes Gegenteil der Staatsidee angesehen werden, die in der gewaltsamen Sicherung einer einheitlichen Organisation zur Regelung des menschlichen Lebens besteht.“ (2)

Anstelle einer Definition stelle ich zunächst einmal fest: Jeder ist Anarchist, der sich als solcher bezeichnet (3). Ich gehe dabei davon aus, daß jemand, der sich „Anarchist" nennt, Gründe dafür hat; d.h. es ist unwahrscheinlich, daß wir uns einer vollkommen wahllosen Menge von Menschen gegenüber sehen, die sich als Anarchisten bezeichnen. Schwieriger wird die Frage, wenn es um solche Menschen geht, die wir aus irgendwelchen Gründen gerne „Anarchisten" nennen wollen, die sich aber selbst nicht so bezeichnet haben. Ich glaube hier genügt der Hinweis, daß ich nicht das Bestreben habe, den Anarchisten ein Monopol auf Wahrheit anzudichten - andere Menschen können ebenso Richtiges sagen bzw. richtig handeln. Ich wäre vieleicht froh, wenn sie meine Gründe, sich „Anarchist" zu nennen überzeugend fänden, aber wie kann man Tote überzeugen? Jedenfalls, ob ein Mensch recht hat oder nicht, sympatisch ist oder nicht, das hängt nicht davon ab, ob er sich als Anarchist bezeichnet oder nicht, sondern ob er mir recht zu haben scheint und ob er mir sympatisch ist.

Glücklicherweise gab und gibt es keine Organisation, die den Titel des „Anarchisten" verleiht. Es gibt Organisationen, die sich anarchistisch nennen, und die von ihren Mitgliedern eine bestimmte gemeinsame Grundhaltung verlangen. Aber keine kann einen Monopolanspruch für den „Anarchismus" reklamieren (4).

Anders als mit einer Definition versuche ich im Folgenden, die augenscheinlichen „Widersprüche" des Anarchismus in den Zusammenhang der historischen Entwicklung der Gesellschaft zu stellen und dabei ein einheitliches anarchistisches Prinzip nachzuweisen, ohne die Widersprüche zu beseitigen oder aufzulösen.

Die folgende Untersuchung stelle ich nicht um der akademischen Frage willen an, wer Anarchist oder was Anarchismus sei, sondern um zu zeigen, welche Bedeutung anarchistische Theoreme in der Analyse der Gesellschaft haben und welche Rolle anarchistische Praktiken für ihre Veränderung spielen.

Anmerkungen

(1) So spricht zum Beispiel die Mackay-Gesellschaft vielen, die sich als Anarchisten bezeichnen und berühmten und klassischen Anarchisten wie Bakunin und Kropotkin das Anarchist-Sein ab (siehe z.B. K.H.Z. Solnemann. Das Manifest der Freiheit und des Friedens, Freiburg/Br. 1977). Andererseits wird der Mackay-Gesellschaft und „individualistischen“ Anarchisten wie Max Stirner, Benjamin Tucker und John Henry Mackay von vielen anderen, besonders „kommunistischen“ Anarchisten das Anarchist-Sein bestritten. Diese Streitereien sind dumm, kindisch und äußerst langweilig. Man übergeht sie am besten mit Schweigen.

(2) Stefan Blankertz, Der Anarchist und die sauren Trauben, in Stefan Blankertz (Hg.), Auf dem Misthaufen der Geschichte Wetzlar 1978, S. 130.

(3) Obwohl es mir langsam zum Halse heraushängt, möchte ich darauf hin die „Rote Armee Fraktion“ und alle ihre Ableger und Nachfolger nicht als Anarchisten bezeichnen. Das sagt noch überhaupt nichts über die Qualität ihrer Politik. Aber es bedeutet wohl, daß ein Argument gegen die RAF kein Argument gegen die Anarchisten sein kann.

(4) Siehe dazu beispielsweise die Aufsätze von S. Faure und L. Fabbri aus den Jahren 1928/29, wiederabgedruckt in: Stefan Blankertz (Hg.), Auf dem Misthaufen der Geschichte, Wetzlar 1978, S. 117-128.

Staatstheorie

Eigentum macht Bürger

Da Anarchie Nicht-Herrschaft meint, bedeutet Anarchismus die Verneinung der Wünschbarkeit/Notwendigkeit von bestehender Herrschaft. Dabei wird vorausgesetzt, daß der Mensch seine Umwelt nach seinen Überzeugungen gestalten und verändern kann. Eine solche Argumentation ist erst möglich in einer Gesellschaft, die anerkennt, daß Herrschafts- und Ordnungsstrukturen politisch-rational gerechtfertigt und nicht etwa als überlieferte und gottgewollte Einrichtungen hingenommen werden müssen.

Die Forderung nach rationaler Rechtfertigung von Herrschaft ist der Kern der liberalistischen Staatstheorie und verbindet sich mit dem Aufstreben des Bürgertums im 17. Jahrhundert.

Die Rationalisierung der Rechtfertigung von Herrschaft wurde nicht als unmittelbar politisches Ziel angesteuert, sondern war zunächst Teil der Aufklärungsphilosophie. Ihr Ansatzpunkt war nicht politisch, sondern der Versuch der Bedingungsanalyse von naturwissenschaftlicher Erkenntnis. Dieser Versuch mußte aber politische Konsequenzen haben, da das hinter ihm stehende Konzept der vernünftigen Erklärung ebenso universell war, wie das damals herrschende Konzept von Wahrheitsfindung aufgrund von Tradition und Offenbarung. Sowie die zweckfreie oder zur Ehre Gottes betriebene Naturbetrachtung zur Naturwissenschaft geworden war, die die Herrschaft des Menschen über die Natur erstrebte - maitre et possesseur de la nature (Descartes) -, so sollte die politische Philosophie, das Debattieren über das „gute Leben“ zur politischen

Wissenschaft werden, die die Gesetze des sozialen Verhaltens der Menschen feststellt, um dann orts- und zeitungebundene Bedingungen der richtigen Staatsordnung angeben zu können.

Das ganz moderne Staatswesen ist nur auf dem Hintergrund des liberalen Staatsbegriffs zu verstehen. Darum werde ich die Entwicklung des liberalen Staates Schritt für Schritt nachzeichnen, um die Widersprüche und Unzulänglichkeiten der Staatstheorie aufzuspüren und die Berechtigung der anarchistischen Kritik auszuweisen. Diese Analyse bildet auch die Grundlage und den Ausgangspunkt für die folgenden Kapitel.

Der erste, der eine politische Wissenschaft in dem oben bezeichneten Sinne entwickelte, war Thomas Hobbes (1588-1679). Da von seiner politischen Theorie hauptsächlich sein Eintreten für einen absolutistischen König bekannt ist, scheint er zunächst als Kronzeuge liberaler Staatsauffassung ungeeignet. In der Tat ist Hobbes kaum als Ausdruck des liberalen Selbstbewußtseins anzusehen. Trotzdem ist seine Theorie die des Liberalismus (1). Die so unliberal anmutenden, absolutistischen Konsequenzenzen sind nicht zufällig und deuten auch keinen Positionswechsel an, sondern folgen durchaus der liberalen Begründung des Staates. Daß die Dialektik des Umschlages von Liberalität in Despotie in der Hobbes'schen Theorie enthalten ist, macht sie so interessant - wenn Hobbes selbst auch wohl kaum diese Dialektik darstellen wollte.

Hobbes' Versuch die Staatslehre wissenschaftlich, daß hieß für ihn: naturwissenschaftlich zu betreiben, beginnt mit der anthropologischen Kennzeichnung des Menschen, „Homo homini lupus“ (Der Mensch ist dem Menschen ein Wolf) (2). Der paradiesische Zustand des Menschen, in dem jeder das Recht auf alles hat, wird von Hobbes umgedeutet als Krieg aller gegen alle: In diesem Zustand nämlich ist jeder Einzelne rechtlos; er wird weder gehemmt, anderen zu nehmen, was ihm beliebt, noch geschützt, von anderen genommen zu bekommen, was er braucht. Dieser Krieg geht auf Leben und Tod. Um den Kriegszustand zu beenden wird ein „Friedensvertrag“ geschlossen, denn jeder trachtet „infolge einer natürlichen Notwendigkeit“ (Hobbes) danach, sein eigenes Leben so lange als möglich zu erhalten.

Die Bestimmung des Staates als Instanz der Aufrechterhaltung der Friedensordnung zum Schutze von Leben und Eigentum ist die Essenz der liberalen Staatsauffassung. Denn es handelt sich um eine überall und unter allen Umständen geltende Ableitung des Staatszwecks aufgrund von rationalen Argumenten: Der Staatszweck ist der Nutzen der Bürger.

Auf der anderen Seite aber schlägt die gleichsam naturgesetzliche Bestimmung des Staates, die an sich liberal ist, um zu einer absolutistischen Bestimmung des Souveräns. Denn Auflösung des Staatsvertrages, und sei es zur Konstituierung eines neuen, bedeutet Rückfall in den Kriegszustand, den keiner vernünftigerweise wollen kann. Die praktische Konsequenz daraus formuliert Hobbes im Vorwort zu „De Cive“: „Ich hoffe, daß Sie es vorziehen werden, unter den gegebenen Staatszuständen, auch wenn es nicht die besten sind, Ihr Leben zu genießen, als Krieg zu beginnen, damit, nachdem Sie getötet oder das Alter Sie verzehrt hat, andere in einem späteren Jahrhundert eine verbesserte Verfassung besitzen.“ (3).

Hier wird die krasse Geschichtsfeindlichkeit der Konstruktion Hobbes deutlich: Die Vernunft hat als Maßstab nur den individuellen Nutzen und befiehlt so den Rückzug aus dem politischen ins rein private Leben. Oder handelt es sich dabei um eine liberale Tugend? Solange der Staat die private Existenz der Bürger unangetastet läßt, können die Bürger in friedlicher Koexistenz mit der politischen Herrschaft, welche Form sie auch haben mag, leben. Hobbes macht klar, daß diese „Tugend“ wirklich für jede Staatsform gilt, da ein Widerstand der ins Private zurückgezogenen Bürger unmöglich ist.

Der absolutistischen Konsequenz der Hobbes'schen Theorie entgegen tritt John Locke (1632-1704). Er behauptete gegen Hobbes das Recht des Volkes, eine tyrannische Regierung zu stürzen. Auch Locke sieht im Staat einen Vertrag, auch bei ihm ist die Sicherung von Leben und Eigentum sein Zweck. Will er nun die absolutistischen Konsequenzen von Hobbes umgehen, so muß er die Gründe, die er für das Zustandekommen des Vertrages angibt, weniger zwingend halten. Das im vorstaatlichen Zustand des Menschen durch Arbeit erworbene Eigentum bedarf nach Locke solange keiner weiteren Sicherung, wie jeder Selbstversorger ist. Erst der Handel macht die Sicherung des privaten Eigentums über die persönlich produzierten und zum eigenen Konsum bestimmten Güter hinaus notwendig (4). Der Vertrag ist nur verbindlich, wenn der Vertragspartner, die Regierung, sich auf den anfangs bestimmten Zweck einschränkt. Weil der Naturzustand nicht unmittelbar Krieg bedeutet, ist eine Erhebung gegen die Regierung, die ihre Befugnisse überschreitet, möglich und ethisch auch gefordert.

Dieses Pathos kommt dem liberalen Selbstbewußtsein natürlich viel näher als Hobbes. In Schwierigkeiten kommt das Pathos von Eigentum und bürgerlicher Selbstbestimmung aber angesichts besitzloser Massen, da der Staat als eine Gemeinschaft von Besitzenden definiert ist. In der Konstruktion von Hobbes ist die Einbeziehung Besitzloser und ihre Bindung an den Vertrag gar keine Frage: wenigstens ihr Leben wird geschützt. Nach Locke aber sind Besitzlose strenggenommen gar keine Vertragspartner.

Jean-Jaques Rousseau (1712-1778) hat das Dilemma in seinem Erziehungsroman „Emile“ zu einer pädagogischen Situation verdichtet (5): Der Knabe Emile pflanzte Bohnen in einem fremden Garten, sieht eines Tages sein Beet verwüstet und findet sich überdies vom Eigentümer als Dieb beschimpft, und zwar genau mit der Locke'schen Begründung: „Niemand vergreift sich am Garten des Nachbarn, jeder respektiert die Arbeit des anderen, weil er seine eigene gesichert sehen möchte“. Die ahnungslos-ahnungsvolle Antwort des Kindes: „Aber ich habe doch gar keinen Garten“ ist dann zu lesen als die bittere Kritik an der Maxime der „glücklichen Besitzenden“. Anders ausgedrückt: Eigentum ist - liberalistisch - ein wechselseitiges Rechtsverhältnis. Es gilt nur unter Besitzenden, nicht zwischen diesen und Besitzlosen.

Wenn also die liberale Theorie in Gestalt von Locke und nicht in Gestalt von Hobbes als Rechtfertigung von Herrschaftsverhältnissen herangezogen wird, muß der Staat der Dialektik von Herr und Knecht (Hegel) erliegen, sobald die Besitzlosen jene Rechtfertigung wie Emile begreifen; dies ist die Voraussage von Karl Marx (1818-1883) gewesen: Nicht bricht das Bestehende zusammen, weil ein neuer, von außen kommender Wert auftaucht; denn der Liberalismus ist nicht eine beliebige, auswechselbare, sondern die der Epoche entsprechende Vorstellung; das Bestehende bricht zusammen, wenn es mit seinen eigenen Voraussetzungen konfrontiert wird. Und zwar so: Der liberale Staatszweck sollte es sein, die Gleichheit zu wahren, aber es ist nur die formale (gegen den Adel gerichtete) Gleichheit. Die materielle Ungleichheit zu wahren, wird der „andere“ Staatszweck. Der liberale Staatszweck sollte es sein, die Freiheit zu verteidigen, aber es ist nur die formale, (gegen den Monarchen gerichtete) Freiheit. Die Unfreiheit der vielen Lohnsklaven zu verteidigen, wird der „andere“ Staatszweck. Im Kapitalismus sollten die Interessen Aller am besten aufgehoben sein, aber es kam nur ein Chaos von Interessen heraus, in dem Niemandens Interessen gewahrt wurden. Der Liberalismus, die bürgerliche Gesellschaft scheitert gleichsam „an sich selbst".

Diese Methode der Konfrontation des Bestehenden mit seinen eigenen Voraussetzungen ist Marx' bemerkenswerter Beitrag zur Methode der Kritik; ein Beitrag zur Sozialpsychologie der Revolution.

Aber im Bezug auf politische Aktionen wird Marx - und in verstärkten Maße jeder (realpolitisch denkende) Marxist - zu einem Gefangenen seines eigenen Ansatzes: Die Ergebnisse der Dialektik des Liberalismus werden zu „revolutionären Tugenden" uminterpretiert: der von der Fabrikdisziplin geprägte Charakter der Arbeiter, ihr Respekt vor der Hierarchie, ihre Unterwürfigkeit gegenüber Vorgesetzten, ihr Verhalten als Konsumenten (6), kurz, ihre Klasseneigenschaften. Die unmittelbar auf die bürgerliche Gesellschaft folgende Gesellschaft, der Sozialismus, wird - (er muß, nach Marx) - von diesen Eigenschaften geprägt sein: Zentralismus, Hierarchie, Disziplin, Kontrolle.

Die revolutionären Aussichten, die so formuliert werden, sind kaum verlockend, außer für die den bestehenden Zuständen angepaßten Menschen. Der marxistische Revolutionär ist der spießbürgerliche Arbeiter. Aber die Verbürgerlichung der Arbeiter ist genau das Programm, mit dessen Hilfe der liberale Staat seinen Kopf aus der Schlinge der Revolution herauszieht - das ist die Dialektik des Marxismus.

Freiheit, im Zweifel weniger

Für diesen Punkt der Entwicklung ist John Stuart Mill (1806-1873) von Bedeutung. Mit der Metapher, die Arbeiter seien wie Kinder, für die durch Wohlfahrt gesorgt werden muß und die zu guten Bürgern erzogen werden müßten, deutet er an, was mit der Verbürgerlichung der Arbeiter im modernen Wohlfahrtsstaat Wirklichkeit geworden ist. Mill hat gleichsam Recht behalten mit Marx gegen Marx. Dies ist aber nur die eine Seite der Versöhnung von Hobbes und Locke; auf der anderen Seite kommt der Hobbes'sche Leviathan nun in neuer Gestalt zum Vorschein. Diesen Tatbestand will ich mit einer Analyse des Mill'schen Freiheitsbegriffs verdeutlichen.

Freiheit räumt Mill dem Individium nur im Bezug auf Handlungen ein, die nur es selbst betreffen. Selbstmord eines Menschen, der Familie hat, gehört ebensowenig dazu wie die Vertretung einer Meinung, z.B. „Eigentum ist Diebstahl" (Proudhon), in einer Situation, die zu Folgen führen könnte. In allen sozialen Beziehungen - so Mill - hat die Gemeinschaft das Recht, nach dem Prinzip der Nützlichkeit für die größte Zahl einzugreifen (7). Was für das Individium bleibt, ist, mit Hobbes gesagt, das private Genießen des Lebens unter den gegebenen Staatszuständen.

Mill zitiert zwar Wilhelm von Humboldt (1767-1835), der wahre Zweck des Menschen sei „die höchste und proportionierlichste Bildung seiner Kräfte zu einem Ganzen" (8), läßt aber weg und muß weglassen, was für Humboldt die Voraussetzung ist: die freie Verbindung der Individuen, daß heißt die Wirkung der Individuen aufeinander (9). Bei Mill ist Individualität nur eine private Qualität. Die Öffentlichkeit hat ein Recht, über die „guten Sitten" und „die Schicklichkeit" zu wachen. Humboldt dagegen wußte, daß das vereinzelte Individium der Konformität anheimfällt, wenn die individuelle Eigenart keinen Rückhalt in einer Gruppe (bei Humboldt: „charakterbildende Verbindung", die durch „Liebe" und „Freundschaft" gekennzeichnet ist) hat. Für Humboldt sind Individualität und Orginalität Wirkungen von „Bildung"; Bildung wiederum beschreibt er in den Begriffen von Kraft, Wirkung und Tat (man vergleiche dies mit den Grundbegriffen von Goodman im Anarchistischen Manifest). Das „worauf die ganze Größe des Menschen zuletzt beruht, wonach der einzelne Mensch ewig ringen muß, und was der, welcher auf Menschen wirken will, nie aus den Augen verlieren darf, ist Eigentümlichkeit der Kraft und der Bildung. Wie diese Eigentümlichkeit durch Freiheit des Handelns (und nicht nur „Freiheit der Rede", S.B.) und Mannigfaltigkeit der Handelnden gewirkt wird, so bringt sie beides wiederum hervor" (Humboldt, Ideen zu einem Versuch, die Grenzen der Wirksamkeit des Staates zu bestimmen).

Der Fehler der liberalen politischen Theorie liegt in ihrem rein formal bestimmten Freiheitsbegriff. Das Individuum ist frei von Einschränkungen; frei zu etwas ist es nur im Selbstbezug. In diesem Sinne ist auch der Hobbes'sche Bürger frei: „Da die Bewegung und Tätigkeit der Bürger durch Gesetze niemals fest umschrieben wird ...

so kann notwendigerweise Unzähliges weder geboten noch verboten werden ... In diesem Sinne versteht man den Genuß der Freiheit." (10).

Der Unterschied zwischen Hobbes und Mill liegt nur in dem Pathos, mit dem Mill seine Definition als das Prinzip der Freiheit vorträgt. Die Wahrnehmung der Freiheit ist auch bei ihm passiv, das Individuum Teil einer ihm gewährten Friedensordnung und nicht wie im Verständnis von Thomas Jefferson (1743-1826), aktiver Gestalter des Gemeinwesens. Im Geiste Jeffersons schreibt Goodman im „Anarchistischen Manifest": „Bürgerfreiheit muß die Gelegenheit für jeden sein, eine Politik, einen Versuch oder eine Idee einzuführen - das ist das, was John Milton und das frühere Bürgertum meinten. Sie kann nicht nur die Freiheit von Einschränkungen sein, wie Mill zu sagen scheint; das wäre eine von vornherein verlorene Schlacht. Denn die so bestimmte Freiheit wird sich nicht halten, es sei denn der Form nach".

Der passive Genuß von gewährtem Bewegungsfreiraum wird zum Ausgangspunkt der Sozialtechnik: Da das Individuum an der Gestaltung des Ganzen keinen Anteil hat, bedeutet Freiheit nichts anderes als die Möglichkeit des Individuums, sich in den wechselnden Bedingungen schnell und optimal anzupassen - das ist schließlich der behavioristische „Autonomie"-Begriff (11).

Die von Mill in „On Liberty" (Über die Freiheit) zum Ausgangspunkt seiner Überlegungen gemachte „Meinungsfreiheit" ersetzt so die Demokratie, worauf Herbert Marcuse in seinem Essay „Represive Toleranz" (12) aufmerksam macht: Die Toleranz gegenüber verschiedenen Meinungen dient dazu, sie sich gegenseitig aufheben zu lassen, um den mechanischen Prozeß der liberalen Machtmaschinerie (13) ungestört ablaufen lassen zu können. Dies ist möglich, weil die Meinungen keinen Bezug zur Praxis haben - daß sie diesen Bezug nicht haben, ist geradezu Voraussetzung ihrer Duldung: Mill: „Die Meinung, daß Getreidehändler die Armen aushungern oder das Eigentum Diebstahl sei, sollte unangefochten bleiben, wenn sie bloß in der Presse ausgedruckt wird, sollte aber gerechtfertigterweise Strafe nach sich ziehen, wenn sie mündlich eine erregten Menge, die sich vor dem Haus eines Getreidehändlers versammelt hat, vorgetragen wird oder sie unter gleichen Umständen in Form von Handzetteln in Umlauf gesetzt wird". (14)

Der erzwungene fehlende Praxisbezug der „Meinungen" macht es einfach, eine oppositionelle Antithese im Sinne der herrschenden

These neuzubestimmen. Marcuse gibt ein einleuchtendes Beispiel: „Zum Beispiel, These: Wir arbeiten für den Frieden; Antithese: Wir bereiten Krieg vor (oder gar: Wir führen Krieg); Vereinigung der Gegensätze: Kriegsvorbereitung (oder sogar Krieg) ist Arbeit für den Frieden. Frieden wird dahingehend neu bestimmt, daß er, bei der herrschenden Lage, Kriegsvorbereitung (oder sogar Krieg) notwendig einschließt, und in dieser Orwellschen Form wird der Sinn des Wortes „Frieden" stabilisiert". (15)

Freiheit als Begriff für das isolierte Individuum wendet sich gegen den Zwang der beruflichen ständischen und religiösen Institutionen. Zwar wurde so die persönliche gegenseitige Aufsicht wirksam bekämpft, aber durch die Verfügung einer anonym gewordenen Herrschaft über das Individuum ersetzt. Die liberale Theorie hat die Vorstellung der Zwangsorganisationen nämlich nicht wirklich überwunden, sondern nur auf eine große anonyme Organisation projiziert. Wir haben die Schwierigkeiten gesehen, die Hobbes und Locke hatten, den Staatsvertrag als für alle unbedingt geltendes Recht zu konstruieren: Hobbes versuchte es rational durch die Erkenntnis eines Gesetzes der menschlichen Triebstruktur, Locke psychologisch über die Beteiligung an dem Nutzen. Dieser Locke'schen Linie ist auch Mill verpflichtet, obwohl er die Vorstellung des Staates als Vertrag ablehnt: „So schuldet doch jeder, der den Schutz der Gesellschaft genießt, ihr Dank für diese Wohltat". (16) Die Unbedingtheit der vertraglichen Bindung ist gar nicht mehr so wichtig: jeder ist beteiligt und wird Teil der Organisation; wer nicht, wer noch nicht voll beteiligt ist - wie die Arbeiter und die Frauen - soll darum ringen und in diesem Kampf lernen, was nötig ist, um zum rechtschaffenen Bürger zu werden.

Diese Rechnung ist aufgegangen. Im „Anarchistischen Manifest" beschreibt Goodman das so: „Die Forderung, das Proletariat für ausreichenden Lohn und annehmbare Arbeitsbedingungen zu organisieren, war im Anfang politisch notwendig und revolutionär in ihrer Konsequenz. Heute ist sie eine Forderung nach Lebensstandard und nach Freizeit, um sich der Waren zu erfreuen, während gleichzeitig die Moral der herrschenden Klasse akzeptiert wird. (...) Dann: wenn diese Leute zu den Idealen einer anderen Klasse übergegangen sind, ist es dumm, sie weiter „Proletarier" zu nennen (...); und bei der offen akzeptierten Entfremdung von der Organisation der Produktion - und wo sehen wir etwas anderes? - ist es sogar unrecht, sie Arbeiter zu nennen".

Demokratie am Scheideweg

Die Überwindung der Zwangsorganisation und die Vorstellung der Gesellschaft als Bund freiwilliger Verbindungen, bleiben als utopischer Überschuß aus Rousseau, Humboldt und Jefferson und gehen in den Anarchismus über. Der Anarchismus hat mit dem Liberalismus die Wurzel: die Forderung nach Autonomie des Individuums; aber das Individuum kann nur wirklich autonom sein, so fügt der Anarchist hinzu, wenn seine Individualität Rückhalt in einer autonomen Gruppe hat: „Die Freiheit des Individuums ist der Ausdruck seines natürlichen Wesens und der sozialen Gruppen, denen der Einzelne wirklich angehört". (Goodman, Anarchistisches Manifest).

Diese Vorstellung ist den radikalen Vertretern der liberalen Demokratie nicht fremd. Hält man die Aussagen Rousseaus, Jeffersons und Madisons (1751-1836) gegen die Staatsgläubigkeit heutiger „liberaler" und „demokratischer" Politiker, erscheinen sie als der reine Anarchismus. Die Entwicklung des liberalen Demokratiebegriffes wollen wir jetzt umrißhaft nachvollziehen.

Die liberale Demokratie spielt sich innerhalb der Grenzen eines Territoriums ab (Nationalstaat). Innerhalb dieses Territoriums haben die Bürger das Recht, durch Stimmabgabe die politischen Angelegenheiten mitzubestimmen und die Pflicht, sich der Mehrheit zu unterwerfen. Aber, mit Rousseau gefragt, woher nimmt eine solche Mehrheit das Recht, der Minderheit ihren Willen aufzuzwingen?. „Das Gesetz der Stimmehrheit - (antwortet Rousseau konsequent) - ist selbst eine Sache des Übereinkommens und setzt wenigstens eine einmalige Einstimmigkeit voraus" (17). Und „nur denen, die sich verbinden, liegt es ob, die Bedingungen der Vereinigung zu regeln" (18).

Dem entspricht am meisten die amerikanische Revolution (1775) was besonders dem Einfluß Jeffersons zuzuschreiben ist. Das amerikanische Volk konstituierte sich vorstaatlich, d.h. nicht im Rahmen einer bestimmten politischen Organisation; die politischen Organisationen, die geschaffen wurden, galten als eine Möglichkeit, nicht als

Notwendigkeit.

Diese „Quasi-Anarchie" in den Anfängen der USA beschreibt Goodman in seinem Buch „People or personnel" (19): „Als die amerikanische Revolution die britische Autorität von der Spitze verdrängte, blieb die Gesellschaft als ein Netzwerk von Hochstrukturierten, persönlichen Gemeinschaften und Assoziationen zurück, und diese waren ziemlich autonom. Die Strukturen waren manchmal demokratisch, öfter waren es Gruppierungen um eine Elite herum. Es gab Stadtversammlungen, kongregationalistische Gemeinden, Kleinbauernfamilien, Meister und Lehrlinge und Lohnarbeiter, Großbauernfamilien mit Landarbeitern und Sklaven, Berufstätige und ihre Klienten. Demokratisch oder hierarchisch - die Gruppen waren klein und in den meisten Angelegenheiten waren die Menschen in engem persönlichem Kontakt mit denen, die Anregungen oder Befehle gaben.

„Es ist sehr glaubwürdig, wie dem auch sei, daß mit Hinblick auf den Staat und die Bundesregierung diese Gemeinschaften während der ersten 25 oder 30 Jahre der Republik in einer lebendigen Gemeinde-Anarchie (community-anarchy) existierten. Das Wahlrecht wurde stark beschränkt durch seine Anbindung an Besitz, Erziehung, Geschlecht, Religion und Hautfarbe; aber der interessante Beweis für das Desinteresse an der Regierung ist, daß nur sehr wenige der Wahlberechtigten wählten, manchmal nur ein oder zwei Prozent. Nichtsdestoweniger war die allgemeine Auffassung und Redeweise sehr demokratisch und manchmal sogar egalitär. (...)

„Aber diese anarchistischen Gemeinden waren nicht unpolitisch. Ganz im Gegenteil! Besonders die unabhängige Elite betrachtete sich selbst als einen Bund von Bürgern und Freunden, dazu geboren, Institutionen, Verfassungen oder was auch immer zu machen. Die Sprache der Unabhängigkeitserklärung, und der Vorgang selbst, ist bedeutsam, gerade weil darin diese existenzielle Spontanität zu finden ist. (...)

In dieser Sicht der Dinge sind politische Institutionen nichts als soziale Experimente. In einer schönen Passage erklärt Madison die Vorteile des Dezentralismus: jede autonome Einheit kann experimentieren; wenn das Experiment scheitert, ist nur eine kleine Gruppe verletzt und die anderen können ihr heraushelfen; wenn das Experiment gelingt, kann es zu jedermanns Vorteil nachgeahmt werden. (...)

(...) Menschen, die autonom sind, erfahren keinen Konflikt zwischen Verstand und Gefühl, oder zwischen Objektivität und Engagement. Dies führt zu einer äußerst wichtigen Vorstellung über Geschichte, nämlich, daß die bestehenden Bedingungen durch menschliche Handlungen verändert werden können. (...)

„Die Ausrufung der Verfassung zum Beispiel schloß ein, daß andere ausgerufen werden könnten und würden - vielleicht ‚alle zwanzig Jahre' (Jefferson), so daß jede Generation die Gesellschaft aufs neue machen würde."

Der „allgemeine Wille" (Rousseau) in einer solchen Gesellschaft zeigt sich, wenn man von den „Willensmeinungen" (-Interessen) „das Mehr und Minder, das sich gegenseitig aufhebt" abzieht, und „so bleibt als Differenzsumme der allgemeine Wille übrig" (20).

James Madison - zunächst eher zentralistisch eingestellt, dann aber ein Mitkämpfer Jeffersons - bezeichnet den auf diese Weise entstandenen „allgemeinen Willen" noch näher: dieser bezieht sich darauf, die Unabhängigkeit der Einheiten zu wahren und die Übermacht eines Interesses zu verhindern. Zu ausschließlich diesem Zweck sollte es eine Bundesregierung für die USA geben. (Einige altkonservative Senatoren, wie z.B. Barry Goldwater, stimmen in Washington noch heute gegen praktisch alle Gesetze, selbst gegen die, mit deren Inhalt sie einverstanden sind, weil sie Gesetzgebung nicht für die Aufgabe des Bundesparlaments halten.)

Madison hat wohl Recht behalten, daß bei Wahlen, in denen es darauf ankommt, große Wählermassen zu gewinnen, die untereinander in keiner direkten Kommunikation stehen (stehen können), die Wahlprogramme nichtssagend bleiben. Aber er hat unrecht, daß dies ein dauerhafter Schutz der Unabhängigkeit der Einheiten sei. Denn inzwischen hat die mit der Zentralregierung verbundene Verwaltung, die Bürokratie, die Technokratie, die Macht „unterhalb" des politischen Bewußtseins übernommen: Die formale Demokratie ist erhalten geblieben, während der Inhalt manipuliert wird, weil es keine Autonomie der Gruppen mehr gibt. Das ist der Hintergrund, auf dem wir die liberale Auffassung von der „Meinungsfreiheit", die ich oben analysiert habe, betrachten müssen. Ich habe in diesem Kapitel zu zeigen versucht, daß Staat und Freiheit sich nicht gut vertragen, selbst dann nicht, wenn der Staat den Schutz der Freiheit zu seinem Ziel erklärt hat. Im folgenden Kapitel will ich nachweisen, daß die Freiheit einen anderen Träger, die Gesellschaft, hat; und der Verlust der Freiheit durch den Staatseingriff verringert die Funktionsfähigkeit der Gesellschaft, während er die Herrschaft des Staates effektiver macht.

Anmerkungen

(1) Diese Interpretation folgt Jürgen Habermas, Theorie und Praxis, Neuwied 1963, obwohl ich mich mit den Ergebnissen der neomarxistischen Analyse kaum anfreunden kann.

(2) Im Folgenden geht es nur um die politische Seite dieses Arguments; zur anthropologischen Seite siehe im entsprechenden Kapitel weiter hinten.

(3) zitiert nach Habermas, a.a.O., S. 40

(4) Vgl. Habermas, a.a.O., S. 63 - Jefferson hat diese Argumentation von Locke gleichsam „rückwärts" gelesen: Wenn die Menschen auf ihren Farmen wieder hauptsächlich zu Selbstversorgern werden, braucht es keinen Staat mehr - das war der Sinn seines „Ruralismus" -Programms.

(5) Jean-Jaques Rousseau. Emile. Paderborn 1971. S. 78 f.

(6) Murray Bookchin. Hör zu Marxist!, in: H.-P. Duerr (Hg.). Unter dem Pflaster liegt der Strand. Bd. 1., Berlin 1974. S. 62.

(7) Die folgende Analyse hat zur Grundlage: John Stuart Mill. Über die Freiheit. Stuttgart 1974: das Original heißt „On Liberty" und ist 1859 erschienen. Dies kleine Buch ist bis heute eine der wichtigsten theoretischen Grundlagen des modernen Liberalismus.

(8) ebenda. S. 79

(9) Es handelt sich um den Einleitungssatz der 1792 verfaßten Abhandlung „Idee zu einem Versuch, die Grenzen der Wirksamkeit des Staates zu bestimmen". Einige Sätze weiter heißt es: „Durch Verbindungen also, die aus dem Innern der Wesen entspringen, muß einer den Reichtum des anderen sich eigen machen."

(10) Zitiert nach Habermas. a.a.O., S. 38

(11) Behaviorismus - Lehre von der Gesetzmäßigkeit des Handelns (nach B.F. Skinner): behavioristischer Autonomie-Begriff - die Fähigkeit eines Wesens sich „spontan" - d.h. ohne Leitung von außen, einer neuen Situation anzupassen.

(12) Herbert Marcuse. Repressive Toleranz, in: Wolff/Moore/Marcuse. Kritik der reinen Toleranz. Frankfurt/M. 1967

(13) Eine gute Analyse dieses Mechanismuses liefert R.P. Wolff. The Poverty of Liberalism. Boston 1968 (Beacon Press). im 3. Kapitel („Power").

(14) Mill, a.a.O., S. 107

(15) Marcuse, a.a.O., S. 107

(16) Mill, a.a.O., S. 103

(17) Jean-Jaques Rousseau. Der Gesellschaftsvertrag, Stuttgart 1958, S. 40

(18) ebenda, S. 71

(19) Paul Goodman, People or Personnel, New York 1968 (Vintage). S. 32 ff

(20) Rousseau, Der Gesellschaftsvertrag a.a.O., S. 58

Gesellschaftstheorie

Hundert Blumen blühen

Der Begriff der Gesellschaft wurde bisher sehr verschwommen und ungenau angewandt: und so stellt er sich bei den liberalen Staatstheoretikern auch dar: politisch wichtig sind für sie nur die durch positives Recht festgelegten Beziehungen des Bürgers zum Staat und die Beziehungen zwischen den Bürgern, die durch Gesetze geregelt sind. Das heißt zunächst nicht, daß die „privaten" Angelegenheiten als unwichtig angesehen werden. Im Gegenteil: sie sollten von staatlicher Einmischung geschützt werden.

Was nun sind solche privaten Angelegenheiten? - Das, was der Einzelne aus Interesse oder Zufall tut, um sich zu ernähren, sein Beruf: die, mit denen der Einzelne aus Sympathie oder Zufall verkehrt und mit denen er lebt, sein Freundeskreis und seine Familie; so, wie der Einzelne aus Überlegung oder Gedankenlosigkeit mit seinen Kindern umgeht, sein Erziehungsstil; das, was der Einzelne aus Überzeugung oder Überlieferung für richtig und falsch hält, seine Ethik. Alles das, was persönliches Glück und Unglück, Behagen und Mißbehagen, Lebenserhaltung und Lebensfreude, Erfolg und Mißerfolg ausmacht, ist „private" Angelegenheit. Offensichtlich aber ist „privat" gar nicht das hier angemessene Wort, sondern das Wort „öffentlich": Beruf, Freundschaft, Familie und Ethik sind Bereiche, in denen der Einzelne mit anderen Menschen im Zusammenhang steht - kooperieren, sich fügen und sich auseinandersetzen muß. Im letzten Kapitel haben wir gesehen, wie die liberale Vorstellung von „Privatheit" eine drastische Beschränkung der Freiheit - die vornehmlich gesellschaftlicher Natur ist - rechtfertigt. Auf diesen Punkt werden wir immer wieder zurückkommen müssen

Eine Gesellschaft besteht aus Gruppen von Menschen, die miteinander zu tun haben - „ein loser Bund von kleineren Gemeinschaften“ (Goodman, Anarchistisches Manifest). Dabei müssen zwei verschiedene Arten von Gruppen unterschieden werden, die lokalen und die funktionalen Gruppen. Eine lokale Gruppe bilden Menschen, die zusammen wohnen: In einem Land (Volk), in einer Region, in einem Ort, in einer Stadt, in einer Wohnung. Funktionale Gruppen bilden Menschen, die ein gemeinsames Interesse (bzw. ein Interesse aneinander) haben, wie eine Glaubensgemeinschaft, ein Sportverein, ein Freundeskreis oder eine Familie. Die übergeordneten Großgruppen (Volk, Glaubensgemeinschaft, etc.) setzen sich ihrerseits jeweils aus vielen kleinen Gruppen zusammen. Beim Zustandekommen der Gruppen spielen Zufall, Zwang und Wahl jeweils in unterschiedlichem Maße eine Rolle. Auch ist der Einzelne in mehr als nur einer Gruppe tätig. Die Gruppen sind also miteinander verflochten, die Mitglieder vertreten mehr als die Interessen einer einzigen Gruppe und sind den Zwängen verschiedener Gruppen ausgesetzt. All das führt zu Konflikten, Auseinandersetzungen, Kämpfen, zu Neu- und Umorientierungen, Veränderungen, Lösungen, Kompromissen. Die hochgradige, verflochtene Gruppenstruktur der Gesellschaft ist also immer in Bewegung; wenn sich auch jeder neue Zustand aus dem alten heraus - manchmal nahtlos, auf jeden Fall „organisch“ - entwickelt.

Bevor wir bei dieser abstrakten Beschreibung in eine Verherrlichung der vielgestaltigen, in „hundert Blumen blühenden“ Gesellschaft verfallen, möchte ich daran erinnern, daß die Gesellschaft im Laufe der Entwicklung des liberalen Staates immer mehr ihrer Funktion dem Staat überlassen hat. (Teilweise hat sie Funktionen, die ihr nach dem liberalen Staatsbegriff zustehen würden, gar nicht eingeklagt, z.B. die Regelung der familiären Beziehungen). Der Staat andererseits hat keine „Grenzen seiner Wirksamkeit“ (Humboldt) gefunden. Inzwischen lenkt er die Wirtschaft (bzw. hat sie teilweise in seine Verwaltung übernommen), garantiert soziale Sicherheit, organisiert die Bildung und Ausbildung der Jugend. Dieser Staat wird als Sozial- oder Wohlfahrtsstaat bezeichnet, bei Goodman im „Anarchistischen Manifest“ als korporierter Staat oder Sociolatrie.

Welke Blumen

Der liberale Staat des 18. und 19. Jahrhunderts, ironisch auch als „Nachtwächterstaat“ bezeichnet, sah sich Anfang des 20. Jahrhunderts, wie bereits im letzten Kapitel angedeutet, von dem erwachten Bewußtsein der armen und rechtlosen Mehrheit des Volkes bedroht. Die theoretische Möglichkeit („Freiheit“), Eigentum zu erwerben oder sein Recht einzuklagen, die der liberale Staat anbot, reichte nicht mehr aus, als offensichtlich wurde, daß diese Möglichkeit in Wirklichkeit nur von wenigen Menschen wahrgenommen werden konnte. Hatte der Liberalismus den Absolutismus bekämpft weil dieser durch seine Privilegienordnung Unfreiheit, Ungleichheit und Armut verfestigte, wurde der Liberalismus nun vom Sozialismus bekämpft, weil jener durch seine „Freiheit“ Ungleichheit und Armut verfestigt hatte. Die mit Polizei, Militär und Justiz dargestellte Macht des Staates („Gewaltmonopol“) wurde dazu aufgerufen, zugunsten der Armen und Entrechteten einzutreten. Denn was bedeutete schon „Freiheit“, wenn nicht jedermann sie ausnutzen konnte?

Bevor ich versuche darzustellen, warum der Staat die sozialen Aufgaben übernehmen konnte bzw. mußte, während sich die Gesellschaft immer weiter auflöste, will ich untersuchen, wie der Staat die gesellschaftlichen Funktionen erfüllt. Als Beispiel soll die staatlich organisierte Bildung und Ausbildung der Jugend, die Schule, dienen.

Es wird heute fast kritiklos als selbstverständlich angenommen, „daß die allgemeinbildende Schule - neben der Familie - der prinzipiell unverzichtbare, gute Hort menschlicher Bildung und Lebensertüchtigung sei und daß es keine Anmaßung, sondern Recht und Pflicht des Staates seien, das gesamte Schulwesen, sei es öffentlich oder Privat, herrschaftlich zu organisieren, unter seiner Regierung und Kontrolle zu halten“ (1). Dabei wird oft vergessen, daß die heutige Massen-(ver)-schulung noch gar nicht so alt ist. Zwar hat in jeder Gesellschaft „die Erziehung der Kinder größte Bedeutung. Aber in allen Gesellschaften, bei den einfachen wie den hohen Kulturen, war die Erziehung bis vor nicht allzu langer Zeit hauptsächlich beiläufig, gab es dafür keine Schulen“ (2).

Ich will jetzt nicht in eine Debatte darüber eintreten, ob es die Kinder früher „besser“ gehabt haben. Sicher ist es bei aller Kritik an der Schule angenehmer für ein Kind, in einem Klassenzimmer sitzen zu können, als vor Hunger und Kälte oder Überarbeitung sterben zu müssen. Aber daß die Kinder heute nicht verhungern, erfrieren und sich überarbeiten müssen, ist wohl kaum als Verdienst der Schule anzusehen, sondern vielmehr der wirtschaftlichen Entwicklung zuzuschreiben.

Die radikale Schulkritik, die nicht auf die Reform, sondern auf die Abschaffung der Schule (bzw. der Schulpflicht) abzielt, hat, grob eingeteilt, zwei Ansatzpunkte: zum einen die Kritik an der Organisation von Lernen und Lehren, die in der Schule geschieht, und zum anderen die Kritik an der gesellschaftlichen Funktion der Schule. Beide sollen kurz umrissen werden.

(a) Die staatliche Übernahme der Bildung und die schrittweise Einführung der allgemeinen Schulpflicht folgte einer Kombination sehr unterschiedlicher Motive: Die Technisierung verlangte von immer mehr Menschen höhere Qualifikationen, die die Gesellschaft nicht freiwillig zuzulassen schien, weil die Kinder der armen Eltern frühzeitig zum Arbeiten und Mitverdienen gezwungen wurden. So erschien die allgemeine Schulpflicht als soziale Maßnahme und als Entlastung der Kinder von der Bürde frühzeitiger Arbeit. Auf der anderen Seite erkannten verschiedene „Schulmänner“ (Lehrer) schon bald, daß die Schule auch ein politisches Instrument des Staates ist. 1878 zum Beispiel schrieb Eduard Sack, daß eine vom Obrigkeitsstaat veranstaltete und reglementierte Schule durch „planmäßige Verdummung“ das „Volk zur Unfreiheit dressiert“ und lediglich der von ihm angeprangerten „Kasten- und Standeserziehung“ dient (3). Ebenso wurde bald erkannt, daß das soziale Elend durch die Schulpflicht kaum bekämpft werden konnte (4). Und dennoch ist es ein bis heute bestehender Glaube besonders in sozialliberalen und sozialistischen Kreisen, daß eine Vereinheitlichung der Schulbildung größere Gerechtigkeit und Gleichheit herstellen könnte. Eine umfangreiche Studie von Christopher Jenks widerspricht dieser Ansicht und behauptet im Gegenteil, daß es die größere Gleichheit unter den Erwachsenen ist, der eine größere Gleichheit in der Schulbildung folgt (5).

Nachweisbar jedenfalls ist, daß jeweils so viele (auf alle Fälle nie viel mehr oder viel weniger) Jugendliche als „begabt“ angesehen werden, einen höherqualifizierten Schulabschluß zu machen, wie hochqualifizierte Kräfte von der Wirtschaft gebraucht werden. Auf eine ironische

Formel gebracht heißt das, „daß der Mensch heute begabter ist, als er es gestern sein durfte; er ist heute genauso begabt, wie es das (ökonomische, S.B.) Bedürfnissystem zuläßt“ (6).

Die offensichtliche und unbestrittene Funktion der Schule, die Jugendlichen zu selektieren (auszuwählen) und ihnen Sozialchancen zuzuweisen, widerspricht dem klassischen (antiken wie neuhumanistischen) Bildungsbegriff. Hier soll Bildung weder Sozialchancen zuteilen, noch politisch disziplinieren, sondern zur Mündigkeit, Freiheit und Eigenverantwortlichkeit des jungen Menschen, oder, mit Humboldt gesprochen, zur „höchsten und proportionierlichsten Bildung seiner Kräfte zu einem Ganzen“ beitragen. „Zu dieser Bildung“, fährt Humboldt fort (7), „ist Freiheit die erste und unerläßliche Bedingung“. Und zu dieser Freiheit gehört auch die Freiheit von einem unmittelbaren Verwertungszusammenhang. Die Schule dagegen - so stellte sich später heraus - „ist für das Kind nicht das, was der ursprüngliche Name bedeutet, die Muße, die Schule ist das Zuchthaus“. (8)

Eine Kritik an der selektiven, chancenzuweisenden Funktion der Schule kann nur glaubwürdig sein in Zusammenhang mit einer allgemeinen Kritik an der hierarchischen Struktur von Staat und Gesellschaft. Das Ziel einer solchen Kritik kann nicht „Chancengleichheit“ sein - denn in einer hierarchischen Gesellschaft sind die zur Verfügung stehenden „höheren“ Plätze pyramidenartig begrenzt und irgendein Auswahlsystem muß es dann geben - sondern eine herrschaftslose Gesellschaft ohne Status und Übervorteilung, eine Gesellschaft, in der jeder das gleiche Anrecht darauf hat, einer ihn ausfüllenden und seine Kräfte gebrauchenden Tätigkeit nachzugehen. Bislang sozial abgewertete, langweilige und entfremdete Arbeit müßte (wo sie nicht ganz zu beseitigen ist) mit kurzer Arbeitszeit und hoher Bezahlung ausgeglichen werden. Bildung muß allen zugänglich sein, auch dem Müllarbeiter beispielsweise, und da er sie in seiner Arbeit nicht verwirklichen kann, braucht er Frei-Zeit; wer dagegen Intellekt und Einfallsreichtum in seinem Beruf zeigen muß, wie der Lehrer, soll ruhig hart gefordert werden.

In neuester Zeit hat die Schule neben ihrer qualifizierenden und selektierenden Funktion auch noch eine beaufsichtigende Funktion: Die als Arbeitskräfte vorerst nutzlosen oder wirtschaftlich nicht zu gebrauchenden Jugendlichen werden in der Schule beaufsichtigt;

allerdings werden sie auch beschäftigt. Muße wird nicht zugelassen, damit sie nicht auf dumme oder abwegige Gedanken kommen (9). - Unkommentierbare Absurdität! -

(b) Wenn wir aber von der gesellschaftlichen Funktion der Schule einmal abstrahieren (soweit das möglich ist), bleibt die Frage bestehen, ob sich in ihr Lernen, Lehren und Bildung ereignen, ein wenig ereignen oder wenigstens ereignen könnten. Anders gefragt: Vertragen sich die Begriffe vom Lernen, Lehren und von der Bildung mit der formalen, administrativen und einheitlichen Organisation, die ein Schulwesen in jedem Falle (auch ein „demokratisiertes" übrigens) darstellt?

Einen ersten Zweifel daran, daß diese Frage positiv beantwortet werden kann, begründet die zweite Voraussetzung, die Humboldt neben der Freiheit für die Bildung festgestellt, nämlich „Manigfaltigkeit der Situationen". Die reale Situation der Schule ist immer einfältig: das Klassenzimmer, das Belehrtwerden, die Benotung. Die Welt der Dinge wird sprachlich-beschreibend, abstrakt-theoretisch vermittelt; eine Verfahrensweise, die für die meisten Tätigkeitsbereiche sicher nicht angemessen ist; die für sie notwendigen Fähigkeiten werden besser durch Praxis, Arbeit, spielerische Aneignung, Erprobung, Versuch und Irrtum ausgebildet. Und wo ein verbales Verfahren angemessen ist - in Theorie, Philosophie und kritischer Reflextion - müßten, wie schon Platon festhielt, soziale Erfahrungen vorausgegangen sein, wenn nicht nur Geschwätz herauskommen soll (10); es eignet sich daher eher für Erwachsene (die aber ironischerweise nur selten die Möglichkeit haben, zur „Schule" zu gehen) als für Kinder und Jugendliche.

Die pädagogischen Zweifel an der Schule lassen sich wie folgt zusammenfassen (11).

1. Zum Lernen ist Erfahrung des Gegenstandes und Erfahrung des Sinns notwendig; die Abgeschlossenheit der Klassenzimmersituation macht direkte Erfahrung unmöglich und diese muß dann durch „Motivation" ersetzt werden.

2. Lehren bedeutet Hilfestellung geben bei der kritischen Verarbeitung von Erfahrungen; werden keine Erfahrungen gemacht, muß der Lehrer etwas leisten, was er prinzipiell nicht leisten kann: er muß Erfahrung „ersetzen".

3. Überdies setzt Lehren eine persönliche Beziehung zwischen

Lernenden und Lehrenden voraus. Nicht nur der gegenwärtige Massenbetrieb in den Schulen vereitelt solche Beziehungen: auch die formale Machtstellung des Lehrers den Schülern gegenüber vergiftet die Atmosphäre.

4. Lernen und Lehren geschieht in der Arbeit an der Sache; die Arbeit muß durch Neugierde, Wissensdrang oder Streben nach Sachqualifikation motiviert sein. Massenbetrieb, Pflichtenunterricht, Stundenplan, Zensurendruck und last not least der Lehrplan machen solches Lernen und Lehren unmöglich, es wird zur Qual, weil Motivations- und Disziplinschwierigkeiten auftauchen.

5. Da nicht die Liebe zur Sache oder die Freundschaft zum Lehrer die Motivation zum Lernen abgibt, sondern die Prüfungssituation, ist die Schule eine Übungsstätte für die Vortäuschung von Wissen.

6. Demokratisierung der Schule oder gar des Unterrichts („Partizipation") hebt keinen dieser Punkte auf. Denn Demokratisierung führt die Egalisierung politischer Herrschaftschancen herbei, tilgt aber keine Herrschaft (12). Die Herrschaft des demokratischen Kollektivs kann die der Bürokratie sogar noch übertreffen.

Dieser Liste könnten sicher noch weitere Punkte hinzufügt werden und jeder Punkt bedürfte einer langen Erörterung. Aber an dieser Stelle sollte nur darauf verwiesen werden, daß es triftige Zweifel an der pädagogischen Rechtfertigung der Schule gibt.

Konklusio. Die Erziehung ist eine gesellschaftliche Funktion, die der Staat weitgehend in der Schule monopolisiert hat und immer weiter monopolisiert. Die Schule ist ein für ihn notwendiges und wirksames Mittel zu seiner eigenen Aufrechterhaltung. Er wird dies Mittel nicht freiwillig wieder abgeben. Aber für die Gesellschaft und für die in der Schule lebenden Menschen ist sie ein Verhängnis. Eine

Eine Untersuchung anderer gesellschaftlicher Funktionen, die der Staat monopolisiert hat, wie z.B. die Gerechtigkeit im Justiz- und Gefängniswesen (13) oder das Sozialversicherungssystem, würde in gleicher Weise zeigen, daß der Staat für sich zwar Nutzen daraus zieht, aber nur begrenzten Nutzen für die Betroffenen garantiert. Allerdings ist es unverzichtbar für ihn, diesen begrenzten Nutzen zu garantieren.

Im „Anarchistischen Manifest" ist das so formuliert: „Wir gehen konform mit Institutionen, die bis zu einem gewissen Punkt große natürliche Befriedigungen verschaffen, Nahrung, Bildung, Freundschaft - dann plötzlich erkennen wir, daß schreckliche Verbrechen begangen werden, und wir sind irgendwie die Agenten. (...) auch die korruptesten und zwanghaftesten Funktionen der bestehenden Gesellschaft [leben] vun guter, natürlicher Kraft (...); anders könnte die Gesellschaft keinen Augenblick überleben, weil die freie, natürliche Kraft die einzige Quelle des Lebens ist."

Der Staat im Genick

Scheinbar widerstandslos hat sich die Gesellschaft in die Hand des Staates gegeben; auch und gerade Revolutionäre haben die Macht des Staates dazu benutzen wollen, eine ideale Gesellschaft zu errichten.

Diese Entwicklung zu erklären in dem Sinne, warum die Menschen Krieg führen und sich gegenseitig das Leben schwer machen, will ich hier nicht wagen (14). Es soll im Folgenden darum gehen, warum der Staat scheinbar unaufhaltsam einem „Gesetz der zunehmenden Staatstätigkeit" (Adolf Wagner, Franz Oppenheimer) folgt.

Der liberale Staat hat der Gesellschaft das Rückgrat gebrochen. Das Rückgrat der Gesellschaft ist ihre Rechtsautonomie; Recht bildet sich durch Traditionen und Verträge innerhalb und zwischen den gesellschaftlichen Gruppen. Seit dem Spätmittelalter haben die Territorialherrscher versucht, positives Recht (Gesetze) im eigenen Interesse durchzusetzen und so den Grundstein zum modernen Staat gelegt. Die Territorialherrscher konnten nicht alle Bereiche dezentraler gesellschaftlicher Eigenverwaltung beseitigen, weil ihnen sowohl die administrativen Möglichkeiten als auch die ideologische Rechtfertigung dazu fehlten. Aber wohl konnte das neue Gesetzessystem die eigenartige Dynamik des gesellschaftlichen Rechtssystems blockieren. Die gesellschaftliche Entwicklung versteinerte; eine Anpassung an neue Gegebenheiten, Ideen oder Bedürfnisse war nicht mehr möglich (15). Der Französischen Revolution blieb es vorbehalten, die letzten Reste der gesellschaftlichen Autonomie zu beseitigen. Im ersten Sturm der Revolution bewies die Gesellschaft allerdings, daß sie noch Kraft besaß: die Versteinerung wurde aufgebrochen und die gesellschaftliche Selbstverwaltung reorganisiert. Murray Bookchin beschreibt den Vorgang anhand der Pariser „Sektionen", der Bürgerversammlungen in den Stadtbezirken: „Auf dem Gipfel ihrer Entwicklung übernahmen sie die volle

Verwaltung der Stadt. Die einzelnen Sektionen übernahmen für ihre jeweilige Nachbarschaft polizeiliche Aufgaben, wählten ihre eigenen Richter, waren verantwortlich für die Lebensmittelverteilung, sorgten für die öffentliche Unterstützung der Armen und leisteten ihren Beitrag zur Unterstützung der Nationalgarde " (16).

Ihr Selbstbewußtsein reichte nicht aus; sie ließen sich darauf ein, eine Übergangslösung zu sein: Sie vertrauten dem Staat, der auf den Menschenrechten fußen sollte, den Idealen von Freiheit, Gleichheit und Brüderlichkeit, auf Rationalität und Rechtssicherheit.

Das war ein verhängnisvoller Irrtum. Wie ehrlich auch immer die Vertreter des Staates das Versprechen meinten (17), den Bürgern weitgehende Freiheit zu lassen, auf lange Sicht konnte es nicht eingehalten werden. Denn der Staat behielt sich das Gewaltmonpol vor. Die Ordnung im Lande wurde seine Ordnung. Es ist dann eine recht folgerichtige Entwicklung, daß sich die Bürger, die sich benachteiligt, vernachlässigt oder ungerecht behandelt fühlten, an den Staat mit Forderungen oder Bitten um Unterstützung wandten. Sie hatten keine eigene Gewalt mehr, ihre Forderungen und Bedürfnisse durchzusetzen, weil sie ihre Gewalt an das staatliche Monopol delegiert hatten. Alle Auseinandersetzungen innerhalb der Gesellschaft, in deren Verlauf Interessen kollidieren und ausgefochten werden müssen, laufen über die staatliche Politik - Freiheit und Gesellschaft sind ja „Privatangelegenheiten". Auf diese Weise geht jede gesellschaftliche Funktion, in der es zu Spannungen kommt, über an die staatliche Aufsicht und letztlich in staatliche Hand.

Nehmen wir zum Beispiel die Wirtschaft. Der liberale Nachtwächterstaat hatte nur das Eigentum zu schützen. Wohlgemerkt, er schützte eine ungerechte Eigentumsordnung, schützte die Besitzenden gegen die Ansprüche der Besitzlosen. Als die Besitzlosen sich ihrer Lage und der Stärke, die in einer möglichen Solidarisierung lag, bewußt wurden, versuchte der Staat zwar zunächst, den Status Quo zu erhalten, indem er die Gewerkschaften verbot. Aber in dem Maße, wie der Druck größer wurde, hat er Maßnahmen getroffen, das soziale Elend abzuschwächen. Schließlich hat er die Gewerkschaften nicht nur geduldet, sondern gefördert, weil sie den Unmut der Arbeiter organisierten und kontrollierbar machten. Heute sehen sich Gewerkschaften wie Unternehmerverbände in einer kooperativen Verbindung mit dem Staat. Die Organisation der Arbeiter ist „ein Mittel der sozialen Kontrolle geworden", konstatiert Goodman im „Anarchistischen Manifest".

Sicherlich garantieren die Gewerkschaften heute einen gewissen Schutz gegen Ausbeutung und Verelendung der Arbeiter - das verhält sich hier so wie bei allen Institutionen (siehe oben). Aber dieser Schutz ist nur notwendig, weil es keine freie, selbstverwaltete Wirtschaft gibt. Und Selbstverwaltung fürchten die Gewerkschaften heute ebenso wie die Unternehmer und der Staat.

Überdies kontrolliert der Staat vermittels des Steueraufkommens fast das gesamte öffentliche Vermögen. Alle öffentlichen Angelegenheiten, die Geld kosten, unterliegen damit der Kontrolle des Staates. Sicher steht es jedem Bürger frei, weitere Abgaben an andere Stellen zu machen - verschiedene wohltätige Einrichtungen stehen da zur Verfügung - aber *nachdem* er brav seine Steuern gezahlt hat; überall kann er sparen, die Steuern muß er zahlen. Und da er sie nun mal zahlen muß, will er vom Staat auch als Gegenleistung etwas sehen - er stellt Forderungen an ihn, anstatt sich selbst zu helfen.

So stehen die Gesetze des Staates gegen das Recht der Gesellschaft.

Verstaatlichung des Menschen

Bisher habe ich wenig gesagt über die Möglichkeit der Bürger, den Staat nach ihren Vorstellungen zu beeinflussen, wenig gesagt über die Güte der Demokratie. Und in der Tat läßt sich meines Erachtens nicht so viel Gutes darüber sagen, wie allgemein angenommen wird.

Die Demokratie ist kein gesellschaftliches, sondern ein staatliches Prinzip, obwohl heute oft von der „Demokratisierung der ganzen Gesellschaft" geredet wird - das kann nichts als die Verstaatlichung des Lebens bedeuten. Die Gesellschaft besteht aus freiwilligen oder notwendigen Gruppierungen und die Regeln, nach denen dort Entscheidungen getroffen werden, sind eine Sache der Absprache. Meist aber ist selbst eine solche Absprache unnötig, da sich die Mechanismen von selbst einspielen. „Oft ist (...) die Meinung der Minorität, je kleiner sie ist, um so begründeter. (...) In der Praxis sind nur Wenige wirklich betroffen (...), und sie bekommen ihren Willen. Die Mehrheit hält sich zurück, betrachtet sich als unbetroffen und sagt immer nur „Ja", heißt es dazu im „Anarchistischen Manifest". Und an derer Stelle: „Es ist auch nur vernünftig, daß diejenigen, die am meisten betroffen sind, die Entscheidung gewinnen."

In großen Gruppierungen, in denen formalisierte Regeln gelten, können, solange sie freiwillig sind, autoritäre Strukturen ebenso gerechtfertigt sein wie demokratische. Zwei Beispiele können das Gemeinte verdeutlichen:

„(a) In einer demokratischen Partei sind die Mitglieder freiwillig; wenn ein Beschluß von einem Parteigremium einem Mitglied untragbar scheint oder wenn ein Mitglied seine politische Meinung ändert, kann es austreten. Jedes Mitglied, das in der Partei bleibt, kann aber (gerechtfertigterweise) auf die Mehrheitsbeschlüsse verpflichtet werden; wie tolerant eine Partei gegenüber Meinungen ist, ist selbst eine Entscheidung der Mehrheit.

(b) Heute ist die Mitgliedschaft z.B. in der katholischen Kirche im allgemeinen freiwillig; verfügt der Papst oder ein anderer Kleriker etwas, das einem Gläubigen falsch erscheint, oder der Gläubige will konvertieren oder wird Atheist, so kann er austreten. Aber jeder, der Katholik bleibt, kann (gerechtfertigterweise) auf die Lehrmeinung festgelegt werden; wie tolerant die Kirche gegen abweichende Meinungen ist, ist selbst eine Frage der Lehrmeinung." (18)

Der Staat dagegen ist eine Zwangsorganisation; man ist ihm nicht beigetreten, man kann aus ihm nicht austreten, ohne das Land zu verlassen. Demokratie ändert diese Tatsache nicht. Und wenn der Staat in allen gesellschaftlichen Bereichen demokratische Regeln durchsetzt, bedeutet das praktisch die Auflösung der Gesellschaft, die Durchdringung der gesamten Gesellschaft mit staatlichen Regeln. Dann gehört der Einzelne nicht nur dem großen Zwangskollektiv des Staates an, sondern wird darüber hinaus einer Vielzahl kleiner Zwangskollektive ausgesetzt, das Netz der Beaufsichtigung wird enger gezogen - gerade gegen - Gruppenzwang war der liberale Staatsbegriff entstanden! Und es ist offensichtlich ebenso irrational, die Wahrheit von Mehrheitsentscheidungen abhängig zu machen wie von der Offenbarung.

Die Gruppen, denen der Einzelne vorher freiwillig (19) angehört hat und die er selbst mitgestaltete, werden nun vom Staat mit Regeln versehen und der Einzelne muß seine Entscheidungen fortwährend vor Gremien rechtfertigen und durch Mehrheitsbeschlüsse absegnen lassen. Der Lehrer beispielsweise, der früher durch geschickte Lehrplanauslegung sich eine gewisse Freiheit bewahren konnte, bekommt nun von Fachkonferenzen detailgenaue Unterrichtsvorschriften und wird durch seine Kollegen und die Schüler gezwungen, sich daran zu halten. Der Freiheit der Schüler wird damit auch nicht näher gekommen: ihre Delegierten haben zwar die Entscheidungen der Fachkonferenz mitgetragen - aber nun sitzen sie vor einem Lehrer, der nicht das tut, was er für richtig hält, sondern was ihm vorgeschrieben wird, und überdies müssen die Schüler selbst sich an den mit vielen Kompromissen behafteten Plan halten, ohne Rücksicht auf neue Interessen nehmen zu können. (20)

Und solange es die gesellschaftliche Funktion der Schule ist - um beim Beispiel zu bleiben - die Schüler auswählend und disziplinierend in die hierarchische Struktur der Gesellschaft einzuweisen, bedeutet Demokratisierung der Schule nichts weiter, als daß mit der Hilfe von Lehrern, Eltern und Schülern diese Funktion effektiver zur Geltung gebracht wird. „Man ist an die Erkenntnis der Bürokratieforschung erinnert," schreibt Wolfgang Fischer dazu (21), „daß die Beteiligung der Arbeiter an der Organisation ihrer Tätigkeit der Durchsetzung der Vorstellungen des Mangagements und der Maximierung des Gewinns nicht abträglich, sondern förderlich ist."

Sicherlich sieht es so düster, wie es jetzt klingt, nicht aus. Das aber nur, weil es trotz allem eine nicht staatliche, nicht hierarchisierte gesellschaftliche Struktur gibt, und sei sie nur auf der untersten Ebene, den freundschaftlichen Gruppen, vorhanden. „Obwohl in jeder bestehenden Gesellschaft viel Zwang vorhanden ist, gibt es gleichwohl auch viele Freiräume. (...) In kreativer Arbeit, in Leidenschaft und Gefühl, in spontaner Unterhaltung gibt es gesunde Entfaltungsmöglichkeiten für Natur und Freiheit" (Goodman, Anarchistisches Manifest).

Das verhindert, daß wir noch verrückter werden, als wir es ohnehin schon sind.

Anmerkungen

(1) Wolfgang Fischer, Schule als parapädagogische Organisation, Kastellaun 1978

(2) Paul Goodman, New Reformation, New York 1970 (Vintage), S. 68; s.a. Philippe Aries, Geschichte der Kindheit, Frankfurt/M. 1975

(3) Walter Müller, Zur Geschichte radikaler Schulkritik in der jüngeren Vergangenheit, in: Fischer, a.a.O., S. 17

(4) So auch Sack; vgl. Müller, a.a.O., S. 18

(5) Christopher Jenks, Chancengleichheit, Reinbeck 1973

(6) Hans-Joachim Heydorn, Zu einer Neufassung des Bildungsbegriffs, Frankfurt/M. 1972, S. 84

(7) Humboldt, zitiert nach: H. Weinstock (Hg.), Wilhelm von Humboldt. Aus seinen Werken, Frankfurt/M. 1957, S. 21

(8) Berthold Otto 1914, zitiert nach Müller, a.a.O., S. 19

(9) Vgl. Paul Goodman, Das Verhängnis der Schule, Frankfurt/M. 1975, S. 41 ff

(10) ebenda, S. 95

(11) Die zur Zeit wichtigsten schulkritischen Schriften sind m.E. die von Fischer (Anm.1), Aries (Anm.2) und Goodman (Anm.9). Daneben sind besonders interessant: George Dennison, Lernen und Freiheit, Frankfurt/M. 1976; Edgar Z. Friedenberg, Die manipulierte Adoleszenz, Stuttgart 1971; James Herndon, Die Schule überleben, Stuttgart 1972; John Holt, Zum Teufel mit der Kindheit, Wetzlar 1978; Ivan Illich, Entschulung der Gesellschaft, München 1972; Leo Tolstoj, Die Schule von Jasnaja Poljana (Band 1 der „Bibliothek der Schulkritiker", hg. von Peter Vogel im Verlag Büchse der Pandora), 2. Aufl. Wetzlar 1980

(12) Jörg Ruhloff, Demokratisierung der Schule?, in: W. Fischer, Schule und kritische Pädagogik, Heidelberg 1972, S. 66

(13) Kurz aber eindrucksvoll ist dazu: Jessica Mitford, Für die Abschaffung der Gefängnisse, Wetzlar 1977

(14) Vorsichtige Hinweise habe ich dazu im Anthropologie-Kapitel gewagt; auch im „Anarchistischen Manifest" sind einige Ideen dazu ausgedrückt. Aber warum die Menschen überhaupt damit anfingen oder warum sie nicht damit aufhören - das bleibt wohl immer ein Geheimnis.

(15) Siehe dazu auch unter „Aufwachsen im Widerspruch" im folgenden Kapitel

(16) Murray Bookchin, Die Formen der Freiheit, Wetzlar 1977, S. 75

(17) In der Französischen Revolution erinnerten sich die revolutionären Führer, als sie den Staat erst einmal übernommen hatten, nicht mehr sehr lange an dies Versprechen. In der Amerikanischen Revolution wurde es ernster genommen und doch gebrochen.

(18) Einwände gegen die Demokratie, in: Auf dem Misthaufen der Geschichte, Band 1, Wetzlar 1978, S. 112 f

(19) Der Ausdruck „freiwillig" ist mißverständlich: er muß in diesem Zusammenhang nicht „gerne" oder „freudig" heißen: freiwillig kann man auch etwas Unangenehmes tun, wenn man es als notwendig ansieht.

(20) Zur Kritik am Konzept der Demokratisierung der Schule vgl. Fischer, Die verselbständigte und partizipatorische Staatsschule des Deutschen Bildungsrats, in: Fischer, Schule als parapädagogische Organisation (Anm.1), S. 66 ff, und Jörg Ruhloff, a.a.O. (Anm.12)

(21) Fischer, Die verselbständigte ..., a.a.O. (Anm.20), S. 73

Anthropologie

Was ist der Mensch?

Die klassische anthropologische Frage „Was ist der Mensch?“ ist heute verdrängt durch die Annahme, daß der Mensch durch Umwelt und Erziehung praktisch unbegrenzt formbar ist: der Mensch „ist“ nicht, er „wird“. Die Vertreter des Sozialstaates (Technokraten) legen das so aus: Die Frage nach der am „besten“ eingerichteten Gesellschaft ist keine anthropologische, sondern eine technische Frage, nämlich danach, welche Gesellschaft am funktionstüchtigsten ist. Durch geschickt gesteuerte Sozialisation (Anpassung im Kindesund Jugendalter) und Kommunikation (Massenbeeinflussung) können die Menschen in eine solche „optimale“ Gesellschaft überführt werden.

Und in der Tat kann jeder auch ohne komplizierte soziologische und psychologische Untersuchungen an sich und an seinen Mitmenschen feststellen in welch hohem Maße wir von unserer Umwelt und Geschichte geprägt und abhängig sind. Aber Umwelt und Geschichte sind in die Geschichte eingegangen und wir sehen, wie unsere eigenen Entscheidungen einen mehr oder minder starken Einfluß auf unsere Umwelt haben. Ja selbst der Technokrat, der die Einrichtung einer funktionalen Gesellschaft betreibt, verändert die Umwelt, verändert die Menschen.

Und da „Funktionalität“ ein rein formaler Begriff ist, weiß der Technokrat nicht, im Bezug auf was die Gesellschaft funktional sein soll: auf größte wirtschaftliche Rentabilität, auf größte soziale Gerechtigkeit, auf größte Entscheidungsfreiheit des Einzelnen, oder gar auf größte militärische Schlagkraft, oder was auch immer. Da das inhaltliche Fragen sind, stellt der konsequente Technokrat die Entscheidung darüber dem Prozeß der politischen Mehrheitsbildung anheim. (1)

In der politischen Diskussion um inhaltliche Fragen kommt dann die Anthropologie wieder zu Ehren, nämlich wenn es darum geht, bestimmte gegnerische Vorstellungen als „nicht mit der menschlichen Natur im Einklang" stehend abzuqualifizieren, den Kommunismus beispielsweise. Diese Anthropologie ist dann weniger grundsätzlich, sondern meint „die Menschen, wie sie jetzt sind".

Die Anthropologie der revolutionären auf grundlegende Veränderungen der Verhältnisse gerichteten Politiker weist dagegen darauf hin, daß durch die herrschenden Zustände ein gleichsam gegen die „eigentliche Natur des Menschen" gerichtetes Verhalten der Menschen erzwungen wird. (Beispiel: der Mensch ist ein soziales Wesen, der Kapitalismus aber zwingt ihn zu Konkurrenzverhalten.)

Schon bei Hobbes - allerdings in einem ganz anderen Sinne - wird diese Möglichkeit angedeutet: um seiner „eigentlich" bösen Natur Einhalt zu gebieten, richteten die Menschen Instanzen ein, die Ihm ein „eigentlich" fremdes (nämlich friedliches) Verhalten aufzwingen.

Wir kommen also nicht um die antrhopologische Frage herum, wenn wir versuchen, eine bestimmte Gesellschaftsformen zu verteidigen oder eine andere einzuführen. Die Frage lautet dann zum einen geschichtlich „Wie und was sind wir geworden?" und zum anderen, daraus abgeleitet, für die Zukunft „Was sind unsere Möglichkeiten?".

Der Mensch ist gut, die Leut' sind schlecht

Fangen wir ruhig mit der Theorie von Thomas Hobbes an.

Sein „Kampf aller gegen alle" ist nirgendwo nachweisbar, weder in der Geschichte noch bei noch heute lebenden Naturvölkern. Ein Versuch, Hobbes' abstrakt-logische Theorie geschichtlich-anthropologisch zu belegen, stammt von den sogenannten „Sozialdarwinisten", deren erster und herausragendster Vertreter Thomas Henry Huxley (1825-1895) war. In seinem Artikel „Struggle For Existence And Its Bearing Upon Man" schrieb er zum vorstaatlichen Zustand der Menschen: „Das Leben war ein fortwährender, unbegrenzter Kampf, und außerhalb der Grenzen und zeitweiligen Beziehungen der Familie war der Hobbes'sche Kampf aller gegen alle der normale Zustand der Existenz. (...) Die Geschichte der Zivilisation - das heißt, der Gesellschaft - auf der anderen Seite ist die Chronik der Versuche, diesem Zustand zu entkommen." (2) Diese Theorie leitet sich aus Huxleys Interpretation der Darwin'schen Evolutionslehre ab: Die Tiere befinden sich untereinander in einem Kampf ums Dasein - „Vom moralischen Standpunkt aus spielt sich das Leben der Tiere auf dem Niveau eines Gladitorenkampfes ab". (Huxley) - und der Mensch hat sich aus diesem ursprünglichen tierischen Zustand heraus entwickelt.

Als dieser Artikel 1888 erschien, fühlte sich der Naturforscher und Anarchist Peter Kropotkin herausgefordert und verfaßte sein berühmtes Werk über die „Gegenseitige Hilfe in der Tier und Menschenwelt" (London, 1902). Ebenso wie Huxley nimmt Kropotkin Darwins Lehre zum Ausgangspunkt, interpretiert aber den Kampf ums Dasein als Überlebenskampf gegen widrige Lebensumstände. Zu diesem Zweck ist ein starker Zusammenhalt - eben „gegenseitige Hilfe" - innerhalb der Gruppen erforderlich. Kampf dagegen schwächt die Stärke der Gruppe und mindert die Überlebenschancen.

Heute wird ein gnadenloser Kampf aller gegen alle von keinem Biologen mehr behauptet: Die Aggressivität (3) ist begrenzt auf Schaukämpfe: Verletzungen oder gar Tötungen sind offensichtlich Unfälle und nicht beabsichtigt. Der breite Raum, der der Beschreibung solcher Aggressivität zur Verteidigung des Reviers oder zur Feststellung der Rangfolge in der modernen populären Ethnologie (Tierverhaltensforschung), zum Beispiel bei Loenz, eingeräumt wird, vermittelt allerdings den Eindruck, als seien solche Kämpfe die Hauptbeschäftigung der meisten Tiere. Zur Widerlegung dieses Eindrucks zitiere ich aus dem Artikel „Der Krieg kommt nicht aus unseren Genen" der amerikanischen Ethnologin Sally Carrighar (4): „Wenn Lorenz schreibt, daß Lebewesen miteinander kämpfen, wenn er den Kampf als einen allgegenwärtigen Prozeß in der Natur sieht, dann beschreibt er eine Wildnis, die von jenen nicht wiedererkannt würde, die wie ich mehrere Jahre nacheinander dort verbracht haben. (...) Aggression (...) beschäftigt die Tiere so kurz, daß die meisten der mehreren Dutzend Arten, die ich gut kenne, weit mehr als die Hälfte des Jahres, manche bis zu elf Monaten im Jahr, in gelegentlicher oder sogar freundlicher Verbindung mit ihren Artgenossen verbringen. (...) Ist einer, der sein Territorium verteidigt, ‚aggressiv?' Und wenn nur ein Eindringling zu Recht so beschrieben wird, wie viele gibt es überhaupt? Außerordentlich wenige, außer in Gefangenschaft. (...) „Wenn Lorenz sagt, daß ‚Kampf ein allgegenwärtiger Vorgang in der Natur' sei, scheint er die Maulwürfe, Stachelschweine, Waschbären, Oppossums, Waldmurmeltiere, Ottern, Chipminks, mehrere Arten Eichhörnchen, Kaninchen, Lemminge, Bisamratten und Biber zu vergessen. (...) Wie sollten solche Tiere überhaupt Zeit für den ständigen Kampf haben? Was die abwesenden Biologen nicht zu merken scheinen ist, daß die Wildnis eine Gemeinschaft von Arbeitern ist."

Aus einer Naturbetrachtung läßt sich Mord, Krieg und Herrschaft nicht ableiten. Zwar kennen wir die Verhaltensweisen unserer „Vorfahren" nicht (obwohl oft darüber spekuliert wird), aber da alle Primaten (Menschenaffen) völlig friedlich sind, ist es unwahrscheinlich, daß die Menschen mit einem hohen Maß an Aggressivität untereinander „angefangen" haben. Die heute noch zu beobachteten sogenannten „Natur-Völker" haben gesellschaftliche Strukturen, die von sehr aggressiv (z.B. die Kwakiutle) bis äußerst friedfertig (z.B. die Zunji) (5) reichen: auf jeden Fall sind „Eroberungskriege unter schriftkundigen Menschen vollkommen unbekannt." (6) Der Krieg ist eine naturgeschichtlich relativ junge Erfindung und geht ganz offensichtlich einher mit der kulturellen Herausbildung von staatsähnlichen Gesellschaftsformationen. Übrigens erfordert das Kriegführen große Zusammenarbeit innerhalb der streitenden Parteien und kann schon von daher kaum als „Überbleibsel" eines angeblich natürlichen Kampfes aller gegen alle gelten. Vielmehr muß das Zusammengehörigkeitsgefühl, das ein Krieg bei einer menschlichen Gruppe hervorruft, als pervertiertes Merkmal der natürlichen und das Überleben ermöglichenden Kooperationsbereitschaft angesehen werden.

Wir müssen uns damit abfinden, daß der Krieg wie die anderen Übel, unter denen wir leiden, von uns Menschen selbst gemacht und verschuldet wird. Wie es Rousseau in seinem berühmten Satz ausdrückte: „Alles ist gut, wie es aus den Händen des Schöpfers kommt; alles entartet unter den Händen des Menschen." (7) Wir müssen uns damit abfinden (wir können uns nicht mit einem Hinweis auf die Natur" entschuldigen), aber wir können auch die Chance erkennen, die darin liegt: das wir uns nämlich, weil wir die „Entartung" selbst verschuldet haben, auch aus eigener Kraft wieder aus ihr befreien könnten. Die Entwicklung des Menschen ist nicht „natürlich" - naturnotwendig -, sondern durch Planung (so irrational sie uns auch im Nachhinein erscheinen mag) bestimmt. Der Mensch überläßt sich nicht einer instinktiven Leitung, sondern bemächtigt sich seiner Umgebung, benutzt sie. Er kontrolliert die Ergebnisse seines Handelns, differenziert und modifiziert sie dementsprechend. Seine Grundfähigkeiten, die ihn vom Tier unterscheiden, sind „zu denken und sich zu empören." (Bakunin)

Die menschliche Fähigkeit der Naturbeherrschung schließt die Fähigkeit der Menschenbeherrschung ein. So wie der Mensch das Pferd, den Pflug und den Acker benutzt, um seinen Handlungen eine größere Wirksamkeit zu verleihen, kann er seinen Mitmenschen dazu benutzen: Der eine Mensch versucht seinen Handlungen größere Wirksamkeit zu geben, indem er andere Menschen nach seinem Willen arbeiten läßt. Dazu muß er drohen; mit seiner überlegenen Muskelkraft oder mit Waffen, und Versprechungen machen: bestimmte Bedürfnisse (z.B. nach Nahrung) besser befriedigen zu können. Es ist einleuchtend, daß ein Mensch um so effektiver Macht ausüben kann, je mehr loyale Untertanen (Soldaten zum Drohen, Arbeiter zum Produzieren) er bereits in seinem Bann hält und je mehr technische Hilfsmittel (Waffen zum Drohen, Maschinen zur Produktion) er zur Verfügung hat.

Diese Tendenz des Menschen, dem Mitmenschen seine Entscheidungsfreiheit zu nehmen und ihn zum Instrument der Verwirklichung der eigenen Vorstellungen zu machen, ist für den Anarchisten das „Böse" im Menschen. Da wir alle diese Fähigkeiten - und Tendenz - in uns haben, muß der Mensch „immer auch zum Teil wenigstens gegen sich selbst revoltieren" (8). Er muß revoltieren aus zwei Gründen: zum einen ist die ausgeübte Herrschaft inhuman, und zum anderen ist sie ineffektiv. Inhuman ist Herrschaft, weil sie die Entfaltung der Möglichkeit des beherrschten Menschen zur Selbstbestimmung verhindert; sie mißachtet das Urteil des Beherrschten; sie degradiert ihn zur Maschine zum Erfüllungsgehilfen des herrschaftlichen Willens. Dies schlägt aber auch auf die Herrschenden selbst zurück, denn „Menschen, die starke natürliche Kräfte unterdrücken, stehen selbst ständig unter Druck." Der Gefängniswärter ist selbst im Gefängnis, ja, sogar der Gefängnisdirektor (Goodman, Anarchistisches Manifest). Ineffektiv ist Herrschaft, denn wird die Idee zu einer Sache von der Erfahrung am Material und der Ausführung der Arbeit getrennt, kommt es unweigerlich zu Reibungsverlusten. Paul Goodman beschreibt das Phänomen so: „Da etwas zum Laufen zu bringen und es auf meine Weise zu tun und ein Künstler an konkretem Material zu sein, die Art von Erfahrung ist, die ich mag, bin ich unwillig gegenüber Befehlen äußerer Autoritäten, die nicht genau das Problem kennen oder die Mittel, die man zur Verfügung hat. In den meisten Fällen ist das, was man tut, formgerechter schwungvoller und feinsinniger ohne die Einmischung von top-down-Autoritäten, sind dies nun der Staat, das Kollektiv, die Demokratie, eine korporierte Bürokratie, Gefängniswärter, Dekane, schon ausgefertigte Curricula oder eine zentrale Planung. Solche Sachen mögen in bestimmten Ausnahmefällen notwendig sein, doch auf Kosten der Vitalität. (...) Im großen und ganzen ist, mittelfristig gesehen, der Einsatz von Macht, um etwas zu bewerkstelligen, ineffizient. Äußere Macht verhindert inneres Funktionieren. Wie Aristoteles sagte: ‚Die Stelle bewegt sich selber'." (9)

Das anthropologische Argument des Anarchismus gegen den Staat lautet, daß eine derartige Zusammenballung von Macht, Gewalt und Monopolstellungen die „böse" Seite im Menschen besonders stark begünstigt; die Bürger auf der anderen Seite werden, der Verantwortung enthoben und der Möglichkeit zur Eigeninitiative beraubt, dumm und unselbständig. Im „Anarchistischen Manifest" heißt es dazu: „Zur Zeit betrachtet sich natürlich fast jeder Mensch als inkompetent, die einfachsten Güter zu beschaffen. Der Staat und andere etablierte Institutionen entscheiden für ihn. Die Leute sind abgestumpft, weil sie nur so wenig interessante Probleme zu bearbeiten haben; und schließlich können sie nicht einmal mehr entscheiden, ob sie kalt, verwundet, einsam oder auch nur gelangweilt sind." - Dann freilich „brauchen" sie die Aufsicht und Lenkung des Staates in immer zunehmenderem Maße.

Noch einmal Paul Goodman: Es ist eine gängige Fehleinschätzung, zu meinen, die Anarchisten glaubten, die menschliche Natur sei gut und man könne deshalb den Menschen zutrauen, sich selbst zu regieren. In Wirklichkeit neigen wir zur pessimistischen Auffassung; man kann den Menschen nicht trauen, verhindert also die Konzentration von Macht. Bei Leuten, die mit Autorität ausgestattet werden, ist die Wahrscheinlichkeit besonders groß, daß sie blöde sind, da sie keine Berührung mit konkreter Erfahrung haben und sich stattdessen in die Initiativen anderer Leute einmischen und sie einfältig und ängstlich machen. Und stellt Euch vor, vergöttert zu werden, wie Mao Tse-Tung oder Kim Il Sung, was das für Auswirkungen auf den Charakter eines Menschen haben wird. Oder ständig über das Undenkbare nachzudenken, wie die Herren des Pentagon.“ (10)

Aufwachsen im Widerspruch

Dies Kapitel habe ich begonnen mit der Feststellung, daß der Mensch keine Natur habe, sondern sich selbst „schaffe“. Mit dieser Annahme sind wir auch schon recht weit gekommen. Aber jetzt sind wir an einem Punkt, wo sie ergänzt werden muß. Denn nicht jeder Mensch, nicht einmal jede Generation, kann sich völlig neu „selbst schaffen“. Das Kind wird in eine bestimmte Gesellschaft hineingeboren und ist von Menschen umgeben, deren Flexibilität begrenzt ist. Zunächst treten die Erwachsenen dem Kind wie eine Naturgewalt gegenüber: es kann keinen Einfluß nehmen auf sie. Zunehmend wird ihm bewußt, daß seine menschliche Umwelt auf es reagiert - und zwar nach bestimmten Regeln, die wiederum nicht veränderbar erscheinen. So paßt es sich diesen Regeln an, allerdings um seine eigenen Bedürfnisse zu verwirklichen. Seine Handlungen sind zuerst reaktiv, aber mit zunehmendem Alter wird erwartet, daß es bestimmte Dinge von selbst tut und die damit verbundenen Probleme selbst löst. Es hält sich dabei soweit es geht an die bereits erlernten Regeln, aber wenn Probleme auftauchen, für die keine der Regeln anwendbar sind, muß es neue erfinden. „Erziehung“, heißt es bei Goodman im „Anarchistischen Manifest“, „ist die Ausstattung mit nachvollziehbaren Beispielen von Interpretationen und Verhaltensmustern durch Erwachsene. Das Ziel ist nicht die Dressur des Kindes, sondern im Gegenteil: Das Kind soll durch Vertrauen auf die Beispiele und ihre Erprobung Zeit gewinnen, um nicht zu schnell auf das eigene Urteil angewiesen zu sein.“

Auf diese Weise wächst ein Kind auf, paßt sich den Gegebenheiten an, nimmt aber gleichzeitig Einfluß auf sie. Analog müssen sich auch die Erwachsenen ihrer Kultur und Geschichte gegenüber verhalten: sie müssen sie kennen und aus dieser Kenntnis heraus können die Schritte zu sinnvoller Veränderung erwachsen.

Das aber ist die Natur des Menschen: seine „natürliche Kraft“ (Goodman), in die Gesellschaft, die er vorfindet, hineinzuwachsen, ohne ganz von ihr bestimmt zu sein, sondern in ihr individuelle Eigenart zu entwickeln. Diese individuelle Eigenart entstehtauf der einen Seite aus der jeweiligen geschichtlichen Situation, auf der anderen Seite bestimmt sie die gesellschaftliche Situation mit.

Diese „natürliche Kraft“, die uns zu selbstverständlich erscheint, als das wir sie normalerweise bemerken, wird uns bewußt, wenn sie verletzt wird. Wenn beispielsweise ein Heimkind sich nicht „normal“ entwickelt, weil es zuwenig Fürsorge und Liebe erhält (Hospitalismus). Wenn eine zu frühzeitige Sauberkeitsdressur zu psychosomatischen Leiden, wie Verstopfung führt. (11) Oder, auf gesellschaftl cher Ebene, wenn Jugendliche, anstatt entweder sich anzupassen oder zu rebellieren, kriminell werden. In all diesen Fällen gibt die Gesellschaft dem Kind oder Jugendlichen zu wenig Möglichkeit, an sich und an seiner Umwelt zu arbeiten; und wenn keine Erfahrungen gemacht werden können, weil alles organisiert, vorgeplant, beaufsichtigt ist, gibt es weder Anpassung noch Auflehnung, sondern nur Langeweile, Dumpfheit und Brutalität. (12)

Das gleiche Symptom trifft auch auf die ganze heutige Gesellschaft zu. Denn alle gegenwärtig so starken Tendenzen zur Isolation der Menschen voneinander, Uniformierung des gesamten Verhaltens und zentrale Planung der gesellschaftlichen Entwicklung widersprechen der „menschlichen Natur“, wie wir sie in diesem Kapitel festgestellt haben. Der Staat ist immer der stärkste Ausdruck solcher Tendenzen gewesen. Die überwältigende Macht der Staaten in der uns bekannten Geschichte läßt die so bestimmte „Natur des Menschen“ zur - positiv verstandenen - Utopie werden. Zu einem Faktor des Widerstandes, zu der Kraft, die den Widerstand gegen alle Herrschaftsformen nährt. Als Bakunin einmal gefragt wurde, was er tun würde, wenn die Anarchie eines Tages eingerichtet sei, antwortete er lakonisch: „Alles wieder umstürzen.“

Anmerkungen

(1) Skinner, der radikalste Vertreter der Meinung von der unbegrenzten Steuerbarkeit des Menschen, kommt immer wieder in logische Schwierigkeiten, wenn er über die Einrichtungen der „idealen" Gesellschaft spricht (was er sehr häufig tut) Für ihn schein selbstverständlich zu sein, daß es nur einen Wert in der Gesellschaft geben kann: friedlich, konfliktfrei zu leben und zu überleben. Wohlgemerkt, diesen Wert setzt er voraus, begründet ihn nicht - denn das könnte er ja nur anthropologisch-spekulativ tun. In Sparta hätte er jedenfalls keine Mehrheit für sein Programm bekommen.

(2) Der Artikel ist abgedruckt als Anhang zu: Peter Kropotkin, Mutual Aid, Neu ediert von Ashley Montagu, Boston o.J., (Extending Horizon Books); das Zitat steht auf S. 323

(3) Als „aggressiv" wird nicht das Jagdverhalten der Raubtiere bezeichnet, sondern nur Angriffsverhalten innerhalb einer Art. Schließlich kritisieren wir beim Menschen auch nicht, daß er Fleisch ißt, sondern das er seinesgleichen tötet.

(4) in: Ashley Montagu (Hg.) Menschen und Aggressionen. Der Krieg kommt nicht aus unseren Genen, Weinheim 1974, S. 69 ff

(5) Die Kwakiutle und Zunji gehören der gleichen Rasse an, ihr unterschiedliches Sozialverhalten beweist, daß die Höhe von Aggressivität auch nicht rassisch bestimmt sein kann.

(6) Ashley Montagu, Man in Progress, New York 1961 (Mentor), S. 80

(7) Rousseau, Emile, Paderborn 1971, S. 9

(8) Michael Bakunin, Gott und der Staat, Reinbeck 1971, S. 142

(9) Paul Goodman, Nur ein altmodisches Liebeslied, in: H-.P. Duerr (Hg.) Unter dem Pflaster liegt der Strand, Band 1, Berlin 1974, S. 136

(10) ebenda, S.136

(11) Diese Argumentation stützt sich auf: Paul Goodman, Growing Up Absurd, New York 1960 (Vintage), S. 5 ff

(12) Dieses Phänomen hat besonders Paul Goodman in verschiedenen seiner Studien untersucht, so in Growing Up Absurd, a.a.O., New Reformation, New York 1970 (Vintage) und Das Verhängnis der Schule, Frankfurt/M. 1975. Ein damit zusammenhängendes, von mir nicht behandelten Phänomen, die Selbstisolation des Menschen von den existenziellen Lebenserfahrungen,, behandelt Goodman in seinem „Anarchistischen Manifest".

Anarchismus

Arbeiterbewegung, Solidarität und Autonomie

Die Widersprüche, die scheinbar im Anarchismus liegen, sind in Wahrheit die Widersprüche in der Herrschaftsstruktur des Liberalismus selbst. Gegen die Realität des altliberalen Individualismus, die Isolation und Konkurrenz der Individuen heißt, ist der Anarchismus kollektivistisch: In der Betonung der sozialen Seite des Menschen; seiner Möglichkeit, durch Zusammenarbeit Großes zu schaffen. Gegen die Realität des Wohlstands- und linksliberalen Kollektivismus, die Vermassung und sozialtechnische Steuerung der Gruppen heißt, ist der Anarchismus individualistisch: in der Betonung der originellen Seite in jedem Menschen; seine Möglichkeit, die sich aus der Normalität der Gruppe herauszuheben und weiterzudenken. (1)

In der Arbeiterbewegung ist schon früh diese Erfahrung gemacht worden. Das tatsächlich vorhandene produzierende Kollektiv wird real und ideologisch durch das herrschende System aufgespalten: real in der Schaffung von Lohngruppen, Vorarbeitern, usw., die die Konkurrenz unter den Arbeitern herstellen und den kollektiven Zusammenhang der Arbeit vernebeln sollen; ideologisch in der Erklärung, daß die Konkurrenz, daß „Jeder für sich", in der „Natur" des Menschen läge. Der Beweis für diese Ideologie ist die tatsächliche Konkurrenz; aber die ist ebenso von Menschen gemacht. Die Arbeiter, die den Charakter der Arbeit als kollektiv erkannt haben, greifen zur Solidarität der Arbeiter als subversive Mittel: Die Solidarität entspricht dem wirklichen Charakter der Arbeit, der vernebelt werden soll.

Solidarität als Mittel zur Herstellung einer Übereinstimmung des Charakters der Arbeit mit dem Sein der Arbeit hat aber selbst zwei Seiten: In der marxistischen Arbeiterbewegung gerät die Solidarität zu einer Übersteigerung der schlechten Wirklichkeit. Denn sie wird hier umstandslos auf die Struktur der Fabrikarbeit unter den Bedingungen der kapitalistischen Produktionsweise bezogen: Hierarchisierung, Disziplinierung, Bürokratisierung, mit den Folgen von Zwangskollektiv und Gruppenzwang. Dies entspricht dem Marx'schen Urteil, daß der Kapitalismus die Arbeit bereits sozialistisch organisiert, nur die Eigentumsverhältnisse dem noch nicht entsprächen. Umgekehrt heißt das, daß der Sozialismus die Organisation der Arbeit nicht ändert, sondern nur die Eigentumsverhältnisse. „Die Zentralisierung der Produktionsmittel und die Vergesellschaftung der Arbeit erreichen einen Punkt, wo sie unverträglich werden mit ihrer kapitalistischen Hülle (...)" (Marx, Das Kapital). Eine Betrachtung des sogenannten „realen Sozialismus" zeigt sehr deutlich, daß es wirklich bloß die „Hülle" des Kapitalismus ist, die der (Staats-)Sozialismus abgeworfen hat.

Demgegenüber entwickelt sich in der Arbeiterbewegung eine eigenständige Dynamik, die der Solidarität eine weitgehende Bedeutung gibt. Die Solidarität wird zur Demonstration einer Kollektivität, die der Zwangskollektivität der kapitalistischen (bzw. „sozialistischen") Fabrik entgegensteht. Der Charakter der Arbeit ist in jedem Falle kollektiv; aber in einem Fall ergibt sich die Kollektivität aus „freier Vereinbarung" (Kropotkin) zwischen den Menschen und im anderen ergibt sie sich aus der Zwangslage heraus, die von den Besitzverhältnissen begrenzt wird - kapitalistisch (individueller Besitz an und individuelle Kontrolle über die Produktionsmittel) oder „sozialistisch" (staatlicher Besitz an und staatliche Kontrolle über die Produktionsmittel). In dem ersteren Verständnis von Solidarität ist die Autonomie des Individuums mit einbezogen. Der Arbeiter erfährt in der solidarischen Aktion nicht nur die Stärke des Kollektivs, sondern auch seine eigene Kompetenz, die Wichtigkeit seiner Fähigkeiten und seines Wissens für den Ablauf der Produktion; aus dieser Erfahrung heraus wird die Forderung nach Arbeiterselbstverwaltung gestellt.

Die politische Theorie, die sich aus dieser Erfahrung entwickelt, ist anarchistisch. Die Arbeiter werden nicht in ihrer Funktion in der kapitalistischen Wirtschaft angesprochen, sondern in ihrer Erfahrung in der Produktion. Klassenbewußtsein bedeutet nicht wie im Marxismus das Bewußtsein der Zugehörigkeit zu einer (objektiven) Funktionsgruppe, sondern das Bewußtsein gemeinsamer Erfahrung. Auch in der Konzeption zum Klassenbewußtsein ist der Marxismus eine Stabilisierung der bestehenden Zustände, während diese durch die anarchistische Konzeption transzendierbar (veränderbar) gemacht werden: Zwar werden gemeinsame Erfahrungen zuerst aufgrund der gemeinsamen Funktion gemacht; aber sie sind durch den subjektiven Charakter der Klassendefinition grundsätzlich auf alle jene anwendbar, die die Erfahrung von Unterdrückung und im Widerstand durch Solidarität die Erfahrung von Autonomie gemacht haben. Heute können wir das so ausdrücken: „Wir sind dabei, zu erkennen, daß die fortgeschrittenste Form des Klassenbewußtseins das Sebstbewußtsein ist. Die Tragödie der sozialistischen Bewegung ist es, daß sie das Klassenbewußtsein in Opposition zum Selbstbewußtsein setzt und das Hervorgehen der Persönlichkeit als ‚Individualismus' vom Tisch wischt - gerade jener Persönlichkeit, welche die fortgeschrittenste Form von Kollektivität garantieren könnte, nämlich eines Kollektivs, das auf Selbstbestimmung aufgebaut ist." (2)

Diese Erkenntnis ist so neu, wie die Formulierung „wir sind dabei" vorgibt, nicht: So schrieb schon Kenneth McGowen zu Streik in Lawrence (Mass.), USA, 1912: „Die Streikenden haben mehr als Klassenbewußtsein; sie haben Selbstbewußtsein gelernt." (3)

Das ist die Erkenntnis, die zum Entstehen des Anarcho-Syndikalismus am Ende des 19. Jahrhunderts führte. Die Arbeiter organisierten sich nicht mehr nur dazu, einen größeren Anteil an den Produkten zu erkämpfen oder die politische Macht teilweise oder vollständig zu kontrollieren, sondern, um die Organisation der Produktion durch die Arbeiter selbst vorzubereiten. Allerdings würde ein reiner, sich selbst genügender Syndikalismus (wie er von George Sorel [1847-1922] und anderen nicht-anarchistischen Syndikalisten vertreten wurde) das Bestehende nicht transzendieren können: „Der Rahmen der gegenwärtigen Arbeiterorganisation entspricht den heutigen Bedingungen des wirtschaftlichen Lebens", schrieb Errico Malatesta (1853-1932) in einem Artikel „Syndikalismus und Anarchismus" (4); ja, die „revolutionären Ideale" sind sogar welche, „die den gegenwärtigen und unmittelbaren Interessen der Arbeiter entgegenstehen."

Es geht also darum, daß das Bewußtsein der Arbeiter nicht in der engen Begrenzung verharrt, die ihm von der den Arbeitern zugewiesenen begrenzten ökonomischen Funktion auferlegt ist, sondern darüber hinausgeht und seine Bestimmung im Selbstbewußtsein als Mensch findet.

Das Ideal von Autonomie, Selbstbewußtsein und Selbstverwaltung ist aber nicht von außen an die Arbeiter herangetragen worden (das würde sich auch schnell als Unechtheit zeigen). Es ist allerdings ein Ideal in der Tradition vorkapitalistischer Arbeitsorganisation (5). In marxistischen Begriffen kann eine solche Tradition höchstens als Relikt erscheinen; sie muß beseitigt werden. Wenn der Marxismus auch angesichts der Soziohistorie (6) heute zugeben muß, daß die Bourgeoisie nicht „alle feudalen, patriarchalischen, idyllischen Verhältnisse zerstört hat", wie es im „Kommunistischen Manifest" heißt, so wird diesen Relikten jedoch keine - keine positive - Bedeutung beigemessen, schon gar keine, die revolutionäre Ziele inspirieren könnte. Diese marxistische Vorstellung geht von einer Homogenität einer jeden Epoche aus, die eigentlich ungeschichtlich ist: Da die eine Epoche aus der vorherigen hervorgeht, hat sie auch ihre Tradition zu tragen - als Bürde ihre Unmenschlichkeit und als Chance ihre besseren Möglichkeiten. Das Bestehende ist nicht nur mit den Voraussetzungen der bestehenden Epoche zu konfrontieren, sondern mit der ganzen Geschichte, die zu ihm führt.

Bevölkerungsgruppen, deren Integration in die Fabrikgesellschaft nicht vollständig gelang, wurden die Träger der anarchistischen Bewegung: handwerklich orientierte Uhrmacher im Schweizer Jura; unabhängige Bauern in der Ukraine, in Italien, in Mexico und in Spanien, die eine starke Tradition autonomer Arbeitsorganisation hatten; iberische, lateinamerikanische und russische Industriearbeiter, denen ihre „bäuerliche" Vergangenheit noch in lebendiger Erinnerung war; herumziehende Industriearbeiter in den USA und Mexico ohne feste Arbeit, ohne festen Wohnsitz (Wobblies).

Zum Beispiel spanische Bauern: „Soweit man zurückdenken konnte, was es in Kastilien, Aragon und Andalusien immer wieder zu spontan unorganisierten Bauernrevolten gekommen"; die Landarbeiter verjagten oder töteten Polizisten, Pfarrer, Beamte, zündeten Kirchen an, verbrannten die Grundbücher und Pachtverträge, schafften das Geld ab und sagten sich vom Staat los; die anarchistischen

Ideen „schienen zu bestätigen was der Bauer bereits seit langem empfunden hatte“ (7).

Die anarchistischen Ideen verbinden sich mit den Erfahrungen und geben ihnen eine neue Perspektive in der Gesellschaft - der lokale Kampf kann als Teil eines allgemeinen angesehen werden und zu Kooperation und Koordination führen. In Spanien wenigstens hat es keine Differenz zwischen Stadt- und Landproletariat in der revolutionären Bewegung gegeben, obwohl diese Differenz als Realität des kapitalistischen Staates auch in Spanien bestand. Der Marxismus auf der anderen Seite kann diese Differenz nicht überwinden, weil er im Verhältnis zum Land die Stadt als eine fortschrittliche Kraft ansieht.

Das Anknüpfen ds Anarchismus an „bäuerliche“ Tradition muß fortschrittsfeindlich erscheinen, wenn man die Industrialisierung im Kapitalismus mit Industrialismus schlechthin gleichsetzt, also ihre Kontingenz (8) bestreitet. Demgegenüber haben Anarchisten technischen Fortschritt und Produktionssteigerung (die potentielle Arbeitszeitverkürzung ist) immer enthusiastisch begrüßt. Marx sprach wie die bürgerlichen Ökonomen von „Überproduktionskrisen“, während Kropotkin von „Unterkonsumkrisen“ sprach. Allerdings wurde die Technik von Anarchisten immer unter dem Gesichtspunkt betrachtet, ob sie zur Schaffung von Fabrikmonstern mit ihrer menschenunwürdigen Arbeitsorganisation führt, oder ob sie potentiell die Re-Autonomisierung der Arbeit befördert. (Kroptkin beispielsweise setzte Hoffnung darauf, daß Strom eine bequeme Energieform für Kleinindustrien ist). So hatte der Anarchismus bereits einen qualitativen Fortschrittsbegriff, während der Marxismus noch an dem rein quantitativen Fortschrittsbegriff des Kapitalismus hing (und der „dogmatische“ Marxismus, wie der „reale Sozialismus“ hängen immer noch daran).

Die in die kapitalistische Arbeitsorganisation fest eingegliederte Arbeiterschaft mit festen Anstellungen war für den Marxismus (der damals den Namen der „Sozialdemokratie“ führte) wie geschaffen und für den Anarchismus zunächst unansprechbar. Die marxistische Konzeption rührte nicht an die „Sicherheit“, die die Arbeiter in der festen Arbeiterorganisation fanden, sondern bestätigte und erweiterte sie. Der (Anarcho-) Syndikalismus ist der Versuch, die fehlende Erfahrung kollektiver Autonomie in der Arbeit zu ersetzen durch die Erfahrung dieser Autonomie im Kampf. Dieser Versuch ist trotz zeitweiliger Erfolge im Industrieproletariat Frankreichs, Italiens und Nordamerikas weitgehend erfolglos geblieben: Dauerhaft kam der Anarchismus an die „etablierten“ Arbeiter nicht heran.

Paul Goodman: „Historisch ist der Anarchismus die revolutionäre Politik der Handwerker und Bauern gewesen, die keinen Boß brauchen; der Arbeiter in gefährlichen Berufen, wie z.B. Bergarbeiter und Holzfäller, die lernen, sich gegenseitig zu vertrauen; und von Aristokraten, die es sich ökonomisch leisten können, idealistisch zu sein.“ (9)

Bürgertum, Individualismus und Autonomie

Das Bürgertum hat ebenfalls eine eigene Tradition von Autonomie. Diese Tradition kam zum Ausdruck in den ersten Jahrzehnten der amerikanischen Republik, in der spontanen Selbstverwaltung in den ersten Monaten nach der Französischen Revolution oder in den Vorstellungen Wilhelm von Humboldts, daß die Gemeinden Träger der Jugendbildung werden sollten. (10)

Die Tradition bürgerschaftlicher Autonomie liegt in der mittelalterlichen Stadt. Die mittelalterliche Stadt als Traditionslinien anzusehen, ist kein absurder Anarchismus: Hier wurden unzweifelhaft die geistigen und materiellen Grundlagen für die heutige Kultur gelegt; die Geschichte der mittelalterlichen Stadt ist unsere Geschichte.

In seiner Untersuchung zur „Gegenseitigen Hilfe“ widmete Kroptkin der mittelalterlichen Stadt zwei der wichtigsten Kapitel des Buches. Er schreibt: „Je besser wir die mittelalterliche Stadt kennenlernen, um so mehr sehen wir, daß sie nicht bloß eine politische Organisation zum Schutz gewisser politischer Freiheiten war. Sie war ein Versuch, in viel großartigerem Maße als in der Dorfmark, einen engen Verband zu gegenseitiger Hilfe und Beistand zu organisieren für Konsum und Produktion und für das gesamte soziale Leben, ohne den Menschen die Fesseln des Staates aufzulegen, sondern unter völliger Wahrung der Freiheit für die Gruppe von Individuen in der Kunst, dem Handwerk, der Wissenschaft, dem Handel und der politischen Organisation“. (11)

Und in der Tat hat die mittelalterliche Stadtdemokratie in all ihren Ausprägungen mehr Ähnlichkeit mit den verschiedenen Vorstellungen von Rätedemokratie (12) als mit der parlamentarischen Demokratie des Liberalismus. Das Parlament als Zentralregierung über ein bestimmtes Territorium ist die demokratisierte Form des Territorialfürstentums bzw. des absolutistischen Nationalstaates. Die mittelalterliche Stadt dagegen zeigt die Demokratie des Zweckverbandes und der „Örtlichkeit, die natürlich da aufhört, wo sie aufhört. Der Staat aber ist durchaus nicht eine ausgedehnte Örtlichkeit, wie die Gemeinde eine beschränkte ist. Was die Menschen im Staat vereinigt ist nicht das Zusammenwohnen, sondern ein wirrer Haufen von Zwecken, die durch Geschichte, Herkommen und Gewalt ineinandergenestelt sind.“ (13)

In ihrer besten Form zeigt die mittelalterliche Stadt eine doppelte Bindung des Einzelnen an die Gemeinschaft: In den Selbstverwaltungsorganen der Wohngruppen - der Straßenversammlung, der Stadtteilversammlung, der Stadtversammlung - und in den Selbstverwaltungsorganen des Berufes - der örtlichen Gilde oder Zunft, der überörtlichen Berufsorganisation. Jede Gruppe ist in sich autonom (aber nicht isoliert) in allen Bereichen, die sie betrifft: Verwaltung, Justiz, Ökonomie. Aber nicht nur Bindung, auch Auflösung gehört zu diesem Prinzip, wenn es nicht in erstarrter Hierarchisierung enden soll (dahin kam es mit der Zunft im Anschluß an das Mittelalter, und es blieb dabei bis zu ihrer Aufhebung im 19. Jahrhundert). „In einer Zeit echter Kultur trägt zum Beispiel die Ordnung des Privatbesitzes als revolutionäres, auflösendes und neu ordnendes Prinzip die Einrichtung des Seisachtheia oder des Jobeljahres in sich.“ (14)

Die Tradition der mittelalterlichen Stadt ist im Anarchismus aufgehoben als Bewußtsein einer besseren Möglichkeit menschlichen Zusammenlebens, nicht aber als unverändert wiederherzustellendes Ideal für die Zukunft. Die neuen Möglichkeiten des Transportes und der Kommunikationsmittel haben eine Rückwirkung auf das Ideal und ermöglichen eine gleichzeitige Verwirklichung der Vorstellung der Autonomie des Individuums und der Autonomie der Gruppe. Kropotkin charakterisiert die „kommende Kommune“ so: „Für uns bedeutet „Kommune“ nicht mehr eine territorial abgegrenzte Anhäufung menschlicher Wohnungen, sondern vielmehr einen Gattungsnamen, einen sinnverwandten Ausdruck für die Gruppierung von Gleichen, die weder Grenzen noch Mauern kennen. Die soziale Kommune wird bald aufhören, etwas genau Bestimmbares zu sein.

Jede Gruppe der Kommune wird notwendigerweise zu gleichartigen Gruppen anderer Kommunen engere Beziehungen unterhalten und sich mit ihnen förderieren. Und die Bünde, welche die verwandten Gruppen verschiedener Kommunen aneinander knüpfen, werden mindestens ebenso dauerhaft sein, wie diejenigen, welche die einzelnen Gruppen an die Kommunen, denen sie angehören, schließen. Diese Gruppenverbindung wird dergestalt eine Interessenkommune bilden, deren Mitglieder über Tausende von Städten und Dörfern zerstreut sind." (15)

Die Stadt war im Mittelalter ein Ort des Rationalismus, der rechnenden Vernunft, welche das städtische Bürgertum gegen den Adel zur Geltung brachte. Als das Bürgertum sich zur tragenden Kraft entwickelt hatte und im 18. Jahrhundert zur Herrschaft strebte, sollte genau das bestimmend werden: Rationalität. Die Institutionen, in denen sich im Mittelalter die bürgerschaftliche Autonomie ausgedrückt hatte. Die berufsständischen Korporationen waren aber inzwischen erstarrt, zu Fesseln und zum Ausdruck von (ökonomisch) irrationaler Herrschaft geworden. Dagegen erhob sich die Forderung nach irrationalr Freiheit im allgemeinen und Gewerbefreiheit im besonderen. Dieser bürgerlich-liberale Individualismus gerät, wie wir gesehen haben, zur Unterwerfung des Individuums unter staatliche Verwaltung. Dieser Dialektik entgeht Max Stirner als einziger vollständig; denn er ergänzt die Autonomie des Individuums - die in ihm den wohl feurigen Vertreter fand - durch die Autonomie der Gruppe.

Nachdem Stirner die vollkommene Autonomie des Ich den „gesellschaftlichen Pflichten" gegenüber verkündet hat, fährt er fort: „Nicht Isoliertheit oder das Alleinsein ist der ursprüngliche Zustand des Menschen, sondern die Gesellschaft. Mit der innigsten Verbindung beginnt unsere Existenz, da wir schon ehe wir atmen mit der Mutter zusammenleben; haben wir dann das Licht der Welt erblickt, so liegen wir gleich wieder an der Brust eines Menschen, seine Liebe wiegt uns im Schoße, leitet uns am Gängelbande und kettet uns mit tausend Banden an seine Person. Die Gesellschaft ist unser Natur-Zustand. Darum wird auch, je mehr wir uns fühlen lernen, der früher innigste Verband immer lockerer, und die Auflösung der ursprünglichen Gesellschaft unverkennbar. Die Mutter muß das Kind, welches einst unter ihrem Herzen lag, von der Straße und aus der Mitte seiner

Spielgenossen holen, um es wieder einmal für sich zu haben. Es zieht das Kind den Verkehr, den es mit Seinesgleichen eingeht, der Gesellschaft vor, in welche es nicht eingegangen, in der es vielmehr nur geboren ist. Die Auflösung der Gesellschaft aber ist der Verkehr oder der Verein." (16)

Hier wird also weder der heroische Einzelne proklamiert, der der ganzen Welt in trotziger Isolation entgegensteht, noch der selbstgenügsame Einzelne, der mit gewährten kleinlichen „Freiheiten" zufrieden ist und seine allgemeinen Interessen anderen überläßt, sondern dasjenige unabhängige Individuum, das seine Interessen in Verbindung mit anderen energisch in die Hand nimmt. Konkurrenz ist nicht sein Prinzip, „weil man einsieht, daß Zusammenwirken nützlicher sei als Isoliertheit" (17). Am konkreten Beispiel durchgespielt heißt das: „Die Konkurrenz aufheben heißt nicht soviel als die Zunft begünstigen. Der Unterschied ist der: In der Zunft ist das Backen usw. Sache der Zünftigen, in der Konkurrenz Sache der beliebig Wetteifernden; im Verein derer, welche Gebackenes brauchen, also meine, deine Sache, ... Sache der Vereinten. Wenn ich mich nicht um meine Sache bekümmere, so muß ich mit dem vorlieb nehmen, was anderen mir zu gewähren beliebt." (18)

Aber nicht nur der Zweck, auch der Genuß („Selbstgenuß") führt die Einzelnen zusammen: „Das wäre ein Mensch, der all die Freuden nicht kennt und schmeckt, die aus der Teilnahme an Anderen, d.h. daraus entspringen, daß man auch andere ‚bedenkt', ein Mensch, der unzählige Genüsse entbehrte, also eine - arme Natur." (19)

Stirner als bürgerlichen oder liberalen „Ideologen" (Hans G. Helms) zu bezeichnen, ist also weder ein ganz falsches, noch ein sehr vernichtendes Urteil. Aber es greift zu kurz, weil Stirner gegen den dialektischen Umschlag von Liberalität in Despotie eine Sicherung eingebaut hat; damit ist er Anarchist.

Autonomie als politisches Ordnungsprinzip

Der Anarchismus ist also tatsächlich alles: bäuerlich, proletarisch und bürgerlich. Das geschichtliche Prinzip, das für die Herstellung einer Einheit des Anarchismus in Anspruch genommen wurde, ist die Konservierung, Akkumulation und Bewußtmachung der „besseren

Möglichkeiten", die reale gesellschaftliche Wirklichkeit waren oder als Ideal angestrebt wurden und vorstellbar waren. Das politische Prinzip ist die Autonomie. Diese Idee stammt von Paul Goodman: „Für mich ist das Hauptprinzip des Anarchismus nicht Freiheit, sondern Autonomie." (20)

Das bedarf einer näheren Betrachtung, weil es in den anarchistischen Theorien bisher nicht so ausgedrückt worden ist; wohl aber gedacht. Denn obwohl Anarchisten immer und überall nach größtmöglicher Freiheit strebten und streben, so wird doch nicht die Weiterexistenz bestimmter Beschränkungen der „vollkommenen" Freiheit bestritten. Diese Beschränkungen liegen nicht in formalen Gesetzen (z.B. „Freiheit, solange nicht die Freiheit eines anderen beschränkt wird") (21), sondern in der objektiven Struktur menschlichen Seins. „Die Gesellschaft ist unser Natur-Zustand. (...) Das eine Gesellschaft (...) mir die Freiheit schmälere, das empört mich wenig. (...) Aber die Eigenheit, die will ich mir nicht entziehen lassen (...) Es ist ein Unterschied, ob durch eine Gesellschaft meine Freiheit oder meine Eigenheit beschränkt wird. Ist nur jenes der Fall, so ist es eine Vereinigung, ein Übereinkommen, ein Verein; droht der Eigenheit Untergang, so ist sie eine Macht für sich, eine Macht über mir." (22)

In jeder Verbindung, in jedem Verkehr, in jeder Gesellschaft beschränken sich die Menschen gegenseitig ihrer Freiheit. Der Anarchismus bekämpft unnötige Beschränkungen. Aber weitaus wichtiger ist, daß er die Erstarrung der menschlichen Beziehungen in hierarchischen, unveränderbaren, unkontrollierbaren Strukturen, Institutionen, bekämpft. („Das Interesse der Personen aneinander hört auf, aber die uninteressante Verbindung bleibt.") (23) Beschränkungen der Freiheit, solange sie überschaubar, persönlich voreinander verantwortbar und ihre Struktur unter den Beteiligten abgesprochen und von ihnen veränderbar ist, sind in Ordnung. Ihre Festschreibung in Gesetzen und ihre Zentralisation in Verwaltungen ist das Verhängnis.

Ja, wir können mit Paul Goodman sogar von „natürlichem Zwang" und „natürlicher Gewalt" sprechen; beides durchaus einschneidende Beschränkungen der Freiheit. Beide Begriffe erhalten ihren Sinn nur in Gruppen, die durch Solidarität verbunden sind. „Für seinen Urheber schein eine positive Idee zunächst zwanghaft; dann erkennt er sie - vielleicht nur durch ihre Ausführung - als den Ausdruck seiner tieferen Kräfte, manchmal von Kräften, die zu tief sind, als daß sie überhaupt als seine eigenen bezeichnet werden können. Wenn es eine Idee ist, die soziale Kooperation verlangt, werden seine Gefährten sie im Gegenzug als zwanghaft ansehen. Wenn dann, wie es oft geschieht, die Idee irrig ist - sie ist vielleicht nur der eigenen Situation des Urhebers angemessen - wird das freie Urteil der Gefährten ihr sicher widerstehen, besonders insoweit es andere positive Ideen auf dem Gebiet gibt. Aber wenn er die besseren Argumente hat, müssen die Gefährten natürlicherweise gezwungen werden; sie sind seine Schüler." (Goodman, Anarchistisches Manifest)

Wenn ein Einzelner oder eine Minderheiten-Gruppe durch mitreißendes Ungestüm die anderen aufrüttelt, sie antreibt, ist das so lange revolutionär im anarchistischen Sinne, wie keine taktischen, organisatorischen und kanalisierenden Maßnahmen getroffen werden, die die Erfahrung und das Lernen beschränken. (Alle Revolutionen werden durch Minderheiten ausgelöst; das ist nicht schlimm, wohl aber die Etablierung der Minderheit in seiner Diktatur: das ist dann das Ende der Revolution.)

Das Verfahren der kommunikativen, dialogischen Beeinflussung der in einer Gemeinschaft lebenden Menschen durch aktive Minderheiten ist (entgegen den Vorstellungen von Rousseau) nicht formalisierbar. „In freundschaftlichen Gruppen werden viele Entscheidungen dadurch einmütig, daß diejenigen der Freunde, die nicht genügend betroffen sind, ihren Anspruch nicht nachdrücklich vorbringen; es ist auch nur vernünftig, das diejenigen, die am meisten betroffen sind, die Entscheidung gewinnen." (Goodman, Anarchistisches Manifest)

Es ist der freundschaftlich-solidarische Rahmen, der darüber entscheidet, ob es sich um natürlichen Zwang handelt. Droht unnatürlicher Zwang, muß die Gruppe auseinanderbrechen können; sonst erliegt sie dem Verhängnis der Institution.

Natürliche Gewalt ist nicht wie natürlicher Zwang ein politisches, sondern ein therapeutisches Mittel. Es ist „die Zerstörung von Gewohnheiten oder ‚zweiten' Naturen im Interesse der Rückgewinnung der elementaren Erfahrungen von Geburt, kindlicher Angst, Leiden und Trauer um Tod, einfacher Sexualität, usw." (Goodman, Anarchistisches Manifest)

Das solche Aktionen natürliche nur als persönliche sein können und nicht durch Verfügungen angeregt und durch Angestellte ausgeführt werden können, bedarf wohl kaum noch einer Erwähnung.

Dieses Konzept von „natürlicher Gewalt" gewinnt seine große Bedeutung in der Gesellschaft, die, wie unsere heute, so weit von der konkreten Erfahrung der Autonomie entfernt ist. Die Idee der Möglichkeit von individueller und gemeinschaftlicher Autonomie wird durch die anarchistische Geschichtsschreibung im Bewußtsein wachzuhalten versucht; praktisch äußern kann sie sich dann in provokativer Herausforderung der bürgerlichen Routine - der heute eben alle etablierten Schichten unterworfen sind; der Anarchist „spricht ein Wort, das heilt, während es verletzt" (Goodman, Anarchistisches Manifest).

Als Abschluß und Ausblick dieses Kapitels zitiere ich eine Passage aus dem bereits verschiedentlich in meiner Untersuchung erwähnten, letzten Aufsatz von Paul Goodman: „Nur ein altmodisches Liebeslied":

„... in denliberalen Überflußgesellschaften Europas und Amerikas gibt es eine hoffnungsvolle Möglichkeit folgender Art: Einigermaßen autonome Leute in der Mittelklasse, der Jugend, Handwerker und kleine Geschäftsleute, kommen nicht umhin zu sehen, daß es in den gegenwärtigen Institutionen nicht mehr weitergeht. Sie können keine ehrliche und nützliche Arbeit leisten oder einen Beruf auf anständige Weise ausüben; die Künste und Wissenschaften sind korrumpiert; ein bescheidenes Unternehmen muß alle Proportionen sprengen, um zu überleben; die Jungen finden keine Berufungen; es ist schwer, Kinder zu erziehen, Talente werden durch Gutachten erstickt; die natürliche Umwelt wird zerstört; die Gesundheit bedroht; das Gemeinschaftsleben ist leer; die Umgebung häßlich und unsicher; der öffentliche Dienst klappt nicht; die Steuern werden für Kriegszwecke verschleudert, für Schullehrer und Politiker. Dann könnten sie Veränderungen durchführen, um das Areal der Freiheit gegenüber Eingriffen auszuweiten. Solche Veränderungen sind vielleicht Stückwerk und nicht sehr drastisch, aber sie müssen grundsätzlich sein; denn viele der gegenwärtigen Institutionen lassen sich nicht reformieren und die Tendenz des Systems im Ganzen ist verheerend. Ich mag den marxistischen Begriff vom ‚Absterben des Staates', aber das muß jetzt anfangen, nicht hinterher; und das Ziel ist nicht eine neue Gesellschaft, sondern eine, die man tolerieren und in der das Leben weitergehen kann." (24)

Anmerkungen

(1) Beide Seiten, die kollektivistische wie die individualistische, sind auch im „Anarchistischen Manifest" angesprochen; „gegenseitige Hilfe" und „individuelle Eigenart" müssen, so Goodman, zusammen entwickelt werden.

(2) Murray Bookchin, Kommunismus und Organisation, Berlin 1974 S. 62

(3) Loyce L. Kornbluh (Hg.), Rebel Voices, Ann Arbor 1972 (The University of Michigan Press), S. 164

(4) Errico Malatesta, Gesammelte Schriften, Bd. 1, Berlin 1977, S. 164, bzw. 163

(5) Beispiel: Rußland, erste Hälfte des 19. Jahrhunderts. „Sowohl der Gemeinbesitz des Bodens wie das Fließende der Zustände sind Zeichen der Jugendlichkeit eines Volkes, die sich in Rußland neben der modernen Zivilisation erhalten hatten. Teilung und Spezialisierung der Arbeit bestanden erst in geringem Grade; Haxthausen staunte, wie die russischen Bauern Geschick zu allem zeigten und in kurzer Zeit ebensowohl zum Tapezierer oder Schreiner als zum Schauspieler auszubilden waren. (...) Die Neigung, sich zusammenzuschließen, bemerkte Haxthausen überall in Rußland; wo irgendein paar Russen zusammenkamen, bildeten sie ein sogenanntes Artel, eine Gesellschaft, welche Arbeit, Einnahme und Ausgabe als gemeinsame Angelegenheit behandelte. Auch diese Assoziationen hatten nach Haxthausens Beobachtung einen fließenden Charakter im Gegensatz zu den festgeschlossenen deutschen Korporationen. Eine Mitwirkung am staatlichen Leben hatten und beanspruchten sie natürlich nicht". Ricarda Huch, Michael Bakunin und die Anarchie, Frankfurt/M. 1972, S. 53. Ausführlich und für ganz Europa siehe die Kapitel 4 bis 7 in Kropotkin, Gegenseitige Hilfe, Berlin 1975.

(6) Der von Anneliese Mannzmann entwickelte Begriff der Soziohistorie besagt, daß man Gesellschaftsformationen nicht chronologisch-aufeinanderfolgend (bei Stalin z.B. Stammesgesellschaft-Sklavenhaltergesellschaft-Feudalismus-Kapitalismus-Sozialismus) - sondern synchronisch-nebeneinanderstehend betrachten muß. „Es geht nicht darum, ein neues Zeitsystem zu begründen und morgen im Jahre Null anzufangen, vielmehr diese Zeitzählung zu entmythologisieren, ihren rationalen Gebrauchswert einsichtig zu machen, die verschiedenen Systeme zu ermutigen, ihre eigenen Traditionszusammenhänge, die für die Kohärenz einer Gruppe wesentlich sind, bewußt herzustellen und so durch regionale und gruppale Identifikationsprozesse Komplexität gegenüber Supersystemen und Standardkulturen zu steigern. (...) Italien z.B. würde soziokulturell in die Kategorie der Industriegesellschaft gehören, aber die Regionalprofile ergeben, daß nur Oberitalien und dies nicht in allen Provinzen hochindustrialisiert ist, Unteritalien-Sizilien agrarische Strukturierung mit Relikten aus gentilizischen und feudalen Ordnungen aufweisen."

Anneliese Mannzmann, Vorüberlegungen zu einer Didaktik der Soziohistorie Dimensionierung des Faches Geschichte, in: Herwig Blankertz (Hg.), Fachdidaktische Curriculumforschung, Essen 1973, S. 55/56. Bleibt noch anzumerken, daß Kropotkins „Gegenseitiger Hilfe" genau dies Geschichtsverständnis zugrunde liegt, auch wenn er es selbst noch nicht formulierte.

(7) James Joll, Die Anarchisten, Frankfurt/M. 1971, S. 178

(8) Kontingenz einer geschichtlichen Entwicklung - sie ist auch anders denkbar.

(9) Paul Goodman, Die Schwarze Fahne des Anarchismus, in: Stefan Blanertz (Hg.), Auf dem Misthaufen der Geschichte, Bd. 1, Wetzlar 1978, S. 34

(10) Vgl. Clemens Menze, Die Bildungsreform Wilhelm von Humboldts, Hannover 1975, S. 134 ff

(11) Kropotkin, Mutual Aid, Boston o.J. (Extending Horizons Books), S. 186

(12) „Räte" (Sowjets) hießen in den russischen Revolutionen von 1905 und 1917 die spontanen, revolutionären Selbstverwaltungsorgane der Bauern, Arbeiter und intellektuellen Revolutionäre. Ihre Eingliederung in das bolschewistische „Sowjetsystem" hat mit Geist, Aufgabe und Konzeption der ursprünglichen Rätedemokratie nichts als den Namen gemeinsam. Vgl. Volin, Die unbekannte Revolution, 3. Bde., Hamburg 1975/76/77

(13) Gustav Landauer, Beginnen, Wetzlar 1977, S. 14

(14) ebenda, S. 26, vgl. auch Anm. 5; Jobeljahr/Seisachtheia-Neuverteilung des Besitzes

(15) Peter Kropotkin, Worte eines Rebellen, Reinbeck 1972, S. 74

(16) Max Stirner, Der Einzige und sein Eigentum, zitiert nach: Hans G. Helms (Hg.),Max Stirner, Der Einzige und sein Eigentum und andere Schriften, München 1968, S. 181

(17) Max Stirner, Rezensenten Stirners, zitiert nach ebenda, S. 247

(18) Stirner, Der Einzige ..., a.a.O., S. 173

(19) Stirner, Rezensenten..., a.a.O., S. 247

(20) Paul Goodman, Nur ein altmodisches Liebeslied, in: H.-P. Duerr, Unter dem Pflaster liegt der Strand, Bd. 1, Berlin 1974, S. 136

(21) Diese formale Regel ist schon darum unbrauchbar (obwohl sie sich ja recht gut anhört), weil das, was als „Freiheitsbeschränkung" empfunden wird, individuelle ganz verschieden ist.

(22) Stirner, Der Einzige ..., a.a.O., S. 181 f

(23) Stirner, Resenzenten..., a.a.O., S. 236

(24) Goodman. a.a.O., S. 137 f

Don Quichote im Kampf gegen die Windmühlen - Die Zukunft des Anarchismus

Anarchistische Bewegungen unserer Tage haben sich nicht mehr wie in der 2. Hälfte des 19. und der 1. Hälfte des 20. Jahrhunderts im Bereich der Produktion, im Bereich der Reproduktion gebildet. Es ist ein „Nach-Mangel-Anarchismus" (Murray Bookchin): Ein Anarchismus, der sich in den Metropolen des Überflusses gebildet hat und Probleme angeht wie Umweltverschmutzung, Bildungskatastrophe, Diskriminierung von Minderheiten, Vereinsamung, Vermassung und Bürokratisierung. „Anarchistisch" werden die Bewegungen gegen diese Probleme von Jugendlichen und Bürgern, wenn sie aufhören, den Staat als Retter anzurufen, auf ihre eigene Kraft vertrauen und es besser finden, selbst Abhilfe zu schaffen.

Die Probleme des Reproduktionsbereichs haben Anarchisten schon immer stärker betont als die sozialistischen Bewegungen. (Emma Goldman: „Anarchismus (...) durchdringt heute jeden Bereich menschlicher Bestrebungen. Wissenschaft, Kunst, Literatur, das Schaupiel, die Bemühungen um ökonomische Verbesserungen.") (1) Aber die Einschränkung auf den Reproduktionsbereich ist gefährlich, denn ohne eine Neuorientierung der gesamten Produktion wird es keine humane Gesellschaft geben. Die jugendliche Subkultur, die zum großen Teil sicher als anarchistische Bewegung zu sehen ist (2), hat zum Produktionsbereich zwar die Idee nicht-entfremdeter Handwerks-(„Alternativ"-)Betriebe, aber die praktischen Versuche gehen meist nicht über das Kunsthandwerk oder den Bauernhof hinaus (3).

Die neuere Ökologie-Bewegung beschäftigt sich im Zuge ihres Kampfes gegen die Kernenergie ein wenig mehr mit Technologie (4) - eine Möglichkeit, aber bisher kaum eine Hoffnung. Es gelingt den heutigen Bewegungen - so stark sie auch sein mögen (wie z.B. in Berkeley 1963, Paris 1968 oder Chicago 1968) - nicht, die Arbeiter dazu zu bewegen, eine Umgestaltung der Produktion mit Hinblick auf Umweltfreundlichkeit, Dezentralisation und Anti-Entfremdungs-Effekt (5) zu erzwingen.

Aus der Zwickmühle des ewigen Verlierens ist der Anarchismus offensichtlich nicht heraus. Hat es in dieser Situation überhaupt einen Sinn, zur Aktion, zum gesellschaftlich-praktischen Experiment aufzurufen? - in einer Situation, in der uns die durchschlagende Gesellschaftsanalyse fehlt, in der wir nicht den Punkt kennen, an welchem sich Massen gegen das augenblickliche Wahnsinnssystem mobilisieren lassen.

Die neomarxistische „Kritische Theorie“ (Adorno), die in ihrer Gesellschaftsanalyse dem Anarchismus näher ist als dem Marxismus (6), verneint diese Frage. Traditionell fordert der Marxismus den Marxisten auf, sich im Bewußtsein, auf der historisch erfolgreichen Seite zu stehen, politisch zu engagieren, indem er das Notwendigste vollzieht.

Die historisch erfolgreiche Seite hat sich aber nur dem Namen nach als erfolgreich erwiesen. Mehr als die Hälfte der Erdbewohner wird von Regierungen beherrscht, die den Namen des Marxismus tragen, die sich aber als unfähig erwiesen, marxistische Dialektik in die (befreiende) Tat umzusetzen. Die (marxistische) Philosophie habe ihre Verwirklichung „verpaßt“, sagt Adorno. Politisches Engagement wird in diesem Augenblick unsinnig, weil nicht mehr klar ist, was praktisch notwendig wäre. Das Engagement wird theoretisch: Es gilt, der Frage nachzugehen, welches die gesellschaftlichen Bedingungen sind, die die Verwirklichung der (marxistischen) Philosophie vereitelt haben und wie die Chancen für den qualitativen Fortschritt in der Zukunft stehen. Diese zweite Frage - (die erste ist in unserem Zusammenhang nicht bedeutsam, obwohl sie die vielleicht wichtigere ist) - wird bei Adorno nicht dogmatisch beantwortet im Sinne guter Chancen unter der Voraussetzung eines richtigen Aufbaus der Organisation des Proletariates. Im Gegenteil, die Chancen stehen, wie Adorno meint, schlecht: Praxis wurde „vertagt“. Politisches

Engagement, das nicht in den Bann des Bestehenden geraten will, kann nur vorsichtig darauf bedacht sein, einen Rückfall in die Barbarei zu verhindern, da in diesem Falle selbst die geringste Hoffnung auf qualitativen Fortschritt schwinden müßte. Aber die wesentliche Aufgabe bleibt,die besseren Möglichkeiten denkend zu erhalten; zu erhalten für eine zukünftige, bessere Praxis, die noch nicht auszumachen ist. Da dies eine Aufgabe des Intellektuellen ist, steckt in diesem Konzept unweigerlich der Vorwurf gegen alle anderen Menschen, Vollstrecker, Mitläufer oder doch Dulder des bestehenden Schreckens zu sein.

Soweit damit gemeint ist, daß „wir alle" in gewissem Sinne schuldig sind, stimmt der Anarchist zu. Aber was passiert, wenn ein Individuum, oder gar eine ganze gesellschaftliche Gruppe die „Schuld" erkennt oder doch eine Ahnung davon bekommt? Bevor wir die anarchistische Antwort darauf in Kontrast zu Adorno betrachten, will ich einen kurzen Exkurs zu Herbert Marcuse machen.

Marcuse hat im wesentlichen denselben theoretischen Hintergrund wie Adorno (wobei uns die diversen Unterschiede hier nicht interessieren). Auch seine Einschätzung der Chance von wirklich befreienden Alternativen zum Bestehenden war pessimistisch. Dann zeigten in den 60er Jahren unter- und überprivilegierte Randgruppen (Studenten, Neger und andere ethnische Minderheiten, Bewohner feiner Vorstädte und Slumbewohner) offenen Unmut. Persönlich engagiert, theoretisch aber durchaus vorsichtig, bezog Marcuse diese Entwicklung in seine Überlegungen ein und kam zu dem Schluß, daß dies die (bessere) Praxis sei, die die (kritische) Theorie zwar nicht hatte voraussehen können, in der sie sich aber verwirklichen könne. Die Interpretationen der weltweiten Jugendrevolte der 60er Jahre gehen nun auseinander. Die optimistischste bescheinigt ihr, sie habe den Rückfall in die Barbarei verhindert (in den USA z.B. die Machtübernahme durch Pentagon und CIA). Die pessemistischste behauptet ihr vollkommenes Scheitern. Auf jeden Fall aber sind die hoffnungsvollen Perspektiven nicht verwirklicht. („Der Berkeley-Aufstand ist das erste menschliche Ereignis seit viertausend Jahren", hatte ein Studentenführer 1963 geprahlt.) Der distanzierte „Kritische Theoretiker" hat es darum einfach, Marcuse vorzuwerfen, er habe eine durch persönliches Engagement hervorgerufene, übertriebene Beurteilung jener Bewegung vorgenommen, die der „Kritischen

Theorie" und ihren Ansprüchen an die Praxis in Wirklichkeit nie gewesen sei. Praxislosigkeit sei besser als gescheiterte Praxis. Denn Praxislosigkeit erlaube, die Theorie rein zu halten, also die Möglichkeit zukünftiger, besserer Praxis, während gescheiterte Praxis auf den Misthaufen der Geschichte komme.

Der Misthaufen der Geschichte aber ist der Dünger der Geschichte überhaupt. Nur positive politische Aktionen (auch gescheiterte) machen den Verlauf der Geschichte aus (Goodman, Anarchistisches Manifest); und nur die kann uns zeigen, was menschenmöglich ist - im Guten wie im Schlechten. Und wenn wir ein Programm der „besseren Möglichkeiten" oder einer „besseren Praxis" entwickeln, können wir dies nur, indem wir die Geschichte als Material benutzen - egal, ob wir Utopir positiv oder nur negativ auszeichnen wollen. Der „Kritische Theoretiker" ist auf das angewiesen, was er verachtet. Auf der theoretischen Ebene ist das unlauter. Auf der moralischen Ebene ist das unmoralisch. Aber mehr noch: Da sich der „Kritische Theoretiker" weigert, an der Geschichte teilzunehmen, weil er den Silberstreifen am Horizont noch nicht sieht, überläßt er die Geschichte der Reaktion.

Ein gescheiterter Beitrag zur Geschichte der besseren Möglichkeiten bereichert wenigstens die Tradition der Freiheit und mag lehrreich für die kommende Generation sein. Die Weigerung, an der Geschichte teilzunehmen, weil der Erfolg zweifelhaft sei, bedeutet, den Nachfahren eine Geschichte zu präsentieren, in der die Reaktion als allgewaltig erscheint - befreiende Praxis muß dann als noch unmöglicher erscheinen als je zuvor. Der „Kritische Theoretiker" zerstört die Tradition, die er erhalten will.

Das Konzept, das sich in dieser Kritik zeigt, scheint dazu aufzufordern, wie Don Quichote gegen Windmühlen anzurennen; und in der Tat wird den Anarchisten genau das oft genug vorgehalten. Aber gerade die Angst vor der Lächerlichkeit, der „traurigen Gestalt", die man abgeben könnte, ist ein besonders gut funktionierendes Instrument des Konformitätsdrucks. Die Schwierigkeit, der sich unser Konzept wirklich gegenübersieht, ist die Frage: Wie bekomme ich angesichts eines überwältigenden Anpassungsdrucks, der mich bis in meine mir am unmittelbarsten erscheinenden Bedürfnisse herein prägt, heraus, welche meiner Impulse potentiell befreiende Kraft haben? Oder, mit Marcuse ausgedrückt: „Wie können die Menschen, die das Objekt wirksamer und produktiver Herrschaft gewesen sind, von sich aus die Bedingungen der Freiheit herbeiführen? (7)

Paul Goodman beantwortet diese Frage theoretisch im „Anarchistischen Manifest" so: Die Zwangsgesellschaft kennt die Handlungen sehr gut, welche ihr gefährlich sind und welche nicht - erstere werden verfolgt, letztere geduldet oder befördert. Ein Beispiel, wie dies in der individuellen Praxis zu berücksichtigen ist, gibt folgende Szene aus Goodman's autobiographischem Roman „Making Do" ab:

Ein „Sozialkritiker mittleren Alters" (Goodman) beobachtet einige Kinder beim Spiel in einer belebten Straße New Yorks. Er betrachtet bewundernd seinen 17jährigen Geliebten, der das Spiel organisiert hat; dieser hat sein College-Studium abgebrochen und ist ein sozialer Versager wie Goodman selber. Das Spiel nimmt an Tempo zu und gewinnt an Schönheit. Aber dann kommt der Ladenbesitzer, dessen Mauer für das Spiel benutzt wird, heraus und ruft einen Polizisten herbei, der die Kinder vertreiben soll. Goodman kann gegen die Autorität des Poliozisten sowenig ausrichten wie sein Freund. Am selben Abend spricht er einen Kommentar in der New Yorker Niederlassung des WLSR (Listener-Supported Radio). Als Thema wählt er das städtische Verkehrsproblem und fordert, die privaten Autos aus der Stadt zu verbannen und die Straßen für Spiel und Freizeit zur Verfügung zu stellen. In diesem Sinne macht er auch einen praktischen, sofort durchführbaren Vorschlag. (8)

Hier ist also eine Situation, in der sich Unterdrückte, nicht in die Warenstruktur der Gesellschaft integrierbare Kräfte (spontanes kindliches Spiel) ausgedrückt haben. Zunächst geht es darum, daß diese Kräfte sich ausdrücken (wenn sie sich nicht ausdrückten, könnten wir nichts von ihnen wissen); wenn sie dann den Zwangsmaßnahmen der Gesellschaft ausgesetzt sind, muß sich politische Aktivität entwickeln. Auf diese Weise entstandene politische Aktivität ist dagegen gesichert, sich auf einen Kompromiß einzulassen, der die Forderungen so umwandelt, daß sie in die Warengesellschaft integrierbar sind; für unser Beispiel z.B. eine Fußgängerzone in einer Geschäftsstraße einzurichten (Ballspielen, Skateboarfahren usw. verboten, Musizzieren, Diskutieren usw. höchstens mit ordnungsamtlicher Genehmigung).

Es ist dabei wesentlich, daß die konkreten Forderungen immer wieder aus den persönlichen Erfahrungen entstehen, und das die

Folgen auf den Bereich der individuellen Erfahrung zurückwirken, um überprüfbar zu sein. (Es ist ein kurioser Zustand, daß heute jeder vermeint zu wissen, was gut für andere ist, nicht aber zu sagen vermag, was gut für ihn selbst ist.)

So ist indirekt die Frage beantwortet, wie radikale, politische Aktivität zu rechtfertigen ist, auch wenn die radikale Veränderung der Gesamtgesellschaft kaum in nächster Zukunft zu erwarten ist. Ist es wahr, daß es eine private, von der Gesellschaft abgelöste Sphäre nicht oder nicht mehr gibt, muß auch gelten, daß das Engagement in der privaten Sphäre nicht gleichgültig für die Gesamtgesellschaft ist. „Das Wesen der Gesellschaft beruht auf dem persönlichen Verhalten der Menschen" (Goodman, Anarchistisches Manifest); sein eigenes Verhalten zu verändern, aktiv zu sein in der Gemeinschaft derjenigen, die man kennt, die einem etwas bedeuten oder von denen man im Guten oder im Schlechten irgendwie betroffen ist, hat eine gesamtgesellschaftliche Perspektive. Die ist nicht „reformistisch" in dem Sinne, daß für kleine Veränderungen (Verbesserungen?) Kompromisse mit der Zwangsgesellschaft eingegangen werden - eine Sache, bei der die Zwangsgesellschaft meist der Gewinner ist, weil Kompromisse integrieren, wenn nicht gar korrumpieren.

Dies ist nicht nur ein Konzept für einzelne Individuen oder kleine Gruppen, auch Massenbewegungen können so verfahren. Wie z.B. die spanische CNT (anarcho-syndikalistische Gewerkschaft Spaniens): Verbesserungen der Arbeitsbedingungen, die von reformistischen Gewerkschaften immer als „Siege" gefeiert werden, wurden von der CNT nur hingenommen; man ging wieder zur Arbeit, aber nur, um Kräfte zu sammeln für die nächste Runde. Noch heute verfahren nordamerikanische Bergarbeiter so, wie ihr Streik von 1978 gezeigt hat. Sie besiegelten den von den Bossen angebotenen Kompromiß nicht mit einem Sozialvertrag, sondern gingen nur zur Arbeit „bis wir wieder genug in den Kassen haben".

Das ist das anarchistische Prinzip, das sowohl Einzelkämpfern und kleinen Gruppen als auch Massenbewegungen erlaubt, ein politisches Engagement zu zeigen, ohne die Perspektive der radikalen Utopie aufgeben und ohne einen naiven Optimismus vorspielen zu müssen. Es ist ein Prinzip, daß Individualismus und Geschichtlichkeit versöhnt (es sei angemerkt, daß dies Prinzip nicht eine „Erfindung" Paul Goodmans ist; es ist auch älter als seine Formulierung durch Gustav

Landauer; es ist von Anbeginn Bestandteil der anarchistischen Tradition). Aber es ist kein Prinzip, mit dem man gesellschaftliche Niederlagen einfach in moralische Siege uminterpretieren kann. Die Aufarbeitung und Analyse von Niederlagen, und daraus die Konsequenzen ziehen - das kann kein Prinzip uns abnehmen; ebensowenig die metaphysische Frage beantworten: Da die freie Gesellschaft so offensichtlich immer nur eine unterdrückte „bessere Möglichkeit" gewesen ist, stellt sie dann nicht eine - Unmöglichkeit dar?

Nun sind wir wieder bei der Zwickmühle des ewigen Verlierens angekommen. Aber immerhin haben wir Mut bekommen, gegen die Mühle anzurennen. Das „Anarchistische Manifest" bietet meiner Ansicht nach ein Konzept, auf dessen Grundlage sich eine neue anarchistische Politik aufbauen könnte. Die 25 Jahre später verfassten „Notizen eines Steinzeitkonservativen" geben einige Hinweise auf eine solche Politik. Aber wer wird die machen?

Anmerkungen

(1) Emma Goldmann, Anarchismus - seine wirkliche Bedeutung, Berlin 1978, S. 25

(2) Vgl. Lutz Bredlow, Die Wurzeln der Empörung, und Paul Goodman, Die schwarze Fahne des Anarchismus, beide in: Stefan Blankertz (Hg.), Auf dem Misthaufen der Geschichte, Bd. 1, Wetzlar 1978

(3) Damit soll der „alternative" Bauernhof nicht abgewertet werden, nur: zu einer voll entwickelten Gegenökonomie reichen Bauernhof und Kunsthandwerk nicht aus

(4) Vgl. Erlin Hansen, Wir bringen's in Gang, Berlin 1977, oder Prokol Gruppe Berlin, Der sanfte Weg. Technik in einer neuen Gesellschaft, o.J., um nur zwei der immer zahlreicher werdenden, mehr oder weniger ernsthaft-praktikablen Publikationen zur Praxis „alternativer" Technologie zu nennen. Zur Theorie vgl. Paul und Percival Goodman, Communitas, New York 1960 (Vintage); Murray Bookchin, Für eine befreiende Technologie, in: H.-P. Duerr (Hg.) Unter dem Pflaster liegt der Strand, Bd. 2, Berlin 1975 und Ivan Illich, Selbstbegrenzung - Eine politische Kritik der Technik, Reinbek 1975.

(5) Es ist eine kuriose, aber verbreitete Annahme, daß eine solche Umstrukturierung der Produktion Arbeitsplätze kosten würde. Die Organisation nicht-entfremdeter Arbeit, die Aufgaben im Umweltschutz und in der Verbesserung der städtischen Lebenswelt würden im Gegenteil viele Arbeitskräfte aufnehmen können.

(6) Vgl. Stefan Blankertz/Andreas Gruschka, Kontroverse: Die Kritische Theorie Adornos, in: Stefan Blankertz (Hg.), Auf dem Misthaufen der Geschichte, Bd. 1, Wetzlar 1978

(7) Herbert Marcuse, Der eindimensionale Mensch, Neuwied 1967, S. 26

(8) Paul Goodman, Making Do, New York 1963 (Macmillan), S. 145 ff

Literaturverzeichnis

Vorbemerkung: Dieses Literaturverzeichnis enthält eine subjektive Auswahl von dem deutschen Leser gut zugänglichen Büchern, die ich für das Verständnis des Anarchismus für wichtig halte und als weiterführende Lektüre empfehle. In Ausnahmefällen habe ich auch amerikanische Titel aufgeführt, wenn es sich m.E. um sehr wichtige Texte handelt. In der Abteilung „Geschichte“ habe ich versucht, möglichst viele Bereiche anarchistischer Wühlarbeit abzudecken; aber es gibt in der Geschichte des Anarchismus wohl mehr unbekannte als bekannte Bereiche. Die „Klassiker“ habe ich aufgeführt, soweit sie ediert sind; bei den gut edierten Klassikern (Bakunin, Kropotkin, Landauer) habe ich nur die wichtigsten Schriften aufgenommen.

Geschichte des Anarchismus

Archinoff, Peter, Geschichte der Machnobewegung, Kramer 1974

Beck, Barbara und Horst Kurnitzky, Zapata, Wagenbach 1975

Berkmann, Alexander, Die Tat, Verlag Freie Gesellschaft 1976

Biegler, Rolf R., Der libertäre Sozialismus in der Westschweiz, Kiepenheuer & Witsch 1973

Bock, Gisela, Die andere Arbeiterbewegung in den USA 1905-1922, Trikont 1976

Brenan, Gerald, Die Geschichte Spaniens, Kramer 1977

Cohn-Bendit, Daniel, Linksradikalismus, Trikont 1978

Degen, Helmut und H.-J. Ahrens, Widerstand in Spanien. Wandlungen in den Aktionsformen vom Bürgerkrieg bis zum Tode Francos, Verlag Büchse der Pandora 1977

Friederich, Ernst, Vom Friedensmuseum zur Hitlerkaserne, Libertad-Verlag 1978
Goldmann, Emma, Gelebtes Leben, 2 Bände, Kramer, 1. Band 1978
Goodman, Paul, Die schwarze Fahne des Anarchismus , in: Stefan Blankertz (Hg.), Auf dem Misthaufen der Geschichte, Bd. 1, Verlag Büchse der Pandora 1978
Haag, Klaus, Schwarze Fahnen gegen Scheinfreiheit, Anarchismus in China, Ems-Koop-Verlag 1977
Huch, Ricarda, Michael Bakunin und die Anarchie, Suhrkamp 1972
Joughin, Louis und Edmund M. Morgan, The Legacy of Sacco & Vanzetti, Quadrangle 1962. Die ausführliche Dokumentation zum Fall Sacco und Vanzetti
Kornbluh, Joyce L. (Hg.), Rebel Voices. An I.W.W. Anthology, The University of Michigan Press 1972. Eine eindrucksvolle Sammlung von Texten aus der amerikanischen syndikalistischen Gewerkschaftsbewegung
Kropotkin, Peter, Memoiren eines Revolutionsärs, Insel 1973
Linse, Ulrich, Anarchistische Jugendbewegung 1918-1933, dipa-Verlag 1976
ders., Gustav Landauer und die Revolutionszeit 1918/19, Kramer 1974
Mett, Ida, u.a., Die Kommune von Kronstadt, Kramer 1974
Michel, Louise, Memoiren, Verlag Frauenpolitik 1977
Mühsam, Erich, Von Eisner bis Levine. Die Entstehung der Münchner Räterepublik. (a) MaD 1976, (b) Guhl 1976
Mülberger, Arthur, P.J. Proudhon. Leben und Werk, Mackay-Gesellschaft 1979
Nash, Mary, Mujeres Libres - Proletarischer Feminismus und die Rolle der Frau in der Spanischen Revolution (Band 4 der Reihe „Frauen in der Revolution"), Kramer 1977
Nettlau, Max, Geschichte der Anarchie, 3 Bände, Impuls 1978
Band I: Der Vorfrühling der Anarchie (bis 1864)
Band II: Der Anarchismus von Proudhon zu Kropotkin (bis 1880)
Band III: Anarchisten und Sozialrevolutionäre (bis 1886)
ders., Die revolutionären Aktionen des italienischen Proletariats und die Rolle Errico Malatestas, Kramer 1975
Noe, Ito, Wilde Blume auf unfreiem Feld - Feminismus und

Anarchismus in Japan - Band 3 der Reihe „Frauen in der Revolution"), Kramer 1978
Orwell, George, Mein Katalonien, Diogenes 1975
Rocker, Rudolf, Memoiren eines Anarchisten, Suhrkamp 1974
Roszak, Theodore, Gegenkultur. Gedanken über die technokratische Gesellschaft und die Oppostion der Jugend, Econ 1971
Rubin, Jerry, Do it!, Trikont 1978 (deutscher Text)
ders., We are everywhere!, Verlag Büchse der Pandora 1978 (deutscher Text)
Schneider, Dieter Marc (Hg.), Pariser Kommune, 2 Bände, Rowohlt 1971
Souchy, Augustin, Betrifft: Lateinamerika, edition mega 1975
Thalmann, Clara und Paul, Revolution für die Freiheit, Association 1976
Volin, Die unbekannte Revolution, 3 Bände, Association 1975 (Band 1), 1976 (Band 3)
Woodcock, George und Ivan Avakumovic, The Anarchist Prince, Schocken 1971. Beste Kropotkin-Biographie

Klassiker des Anarchismus

Bakunin, Michael, Gesammelte Werke in 3 Bänden, Kramer 1975/76
ders., Gott und der Staat, Impuls 1978
ders., Staatlichkeit und Anarchie, (a) Ullstein 1972, (b) Kramer 1973
Buber, Martin, Pfade in Utopia, Lambert-Schneider 1950; jetzt: Der utopische Sozialismus
Godwin, William, Über die politische Gerechtigkeit (Auszug), Libertad-Verlag 1978
Goldman Emma, Aufsätze (Band 2 der Reihe „Frauen in der Revolution"), Kramer 1977
Kropotkin, Peter, Eroberung des Brotes, (a) Kramer 1973, (b) Hanser 1973
ders., Ethik, Kramer 1976
ders., Landwirtschaft, Industrie und Handwerk, Kramer 1976
ders., Gegenseitige Hilfe, (a) Kramer 1975, (b) Ullstein 1976
Landauer, Gustav, Aufruf zum Sozialismus, Verlag Büchse der

Pandora 1978
ders., Revolution, Kramer 1974
ders., Skepsis und Mystik, Verlag Büchse der Pandora 1978
Mackay, John Henry, Die Anarchisten, Mackay-Gesellschaft 1976
ders., Gesammelte Schriften, Band 1, Kramer 1977
Proudhon, Pierre Joseph, Ausgewählte Werke, F.K. Koehler 1963
ders., Bekenntnisse eines Revolutionärs, Rowohlt 1969
Reclus, Elise, Evolution und Revolution, Libertad-Verlag 1977
Rocker, Rudolf, Nationalismus und Kultur, 2 Bände, Impuls 1977
Stirner, Max, Der Einzige und sein Eigentum, Reclam 1972
Thoreau, Henry David, Über die Pflicht zum Ungehorsam gegen den Staat, Diogenes 1974
Tolstoj, Leo, Die Schule von Jasnaja Poljana (Band 1 der Reihe „Bilbliothek der Schulkritiker"), Verlag Büchse der Pandora 1980

Anarchismus heute

Bookchin, Murray, Die Formen der Freiheit, Aufsätze über Ökologie und Anarchismus, Verlag Büchse der Pandora 1977
ders., Hör zu, Marxist! siehe bei Duerr, Hans-Peter (Hg.)
ders., Für eine befreite Technologie, siehe bei Duerr, Hans-Peter
Dennison, George, Lernen und Freiheit, Fischer 1976
Duerr, Hans-Peter, Ni Dieu - Ni Metre, Anarchistische Bemerkungen zur Bewußtseins- und Erkenntnistheorie, Suhrkamp 1974
Duerr, Hans-Peter (Hg.), Unter dem Pflaster liegt der Strand. Anarchismus heute, bisher 6 Bände mit Abhandlungen von Paul Feyerabend, Noam Chomsky, R.P. Wolff, Paul Goodman, Colin Ward, Murray Bookchin, Hans-Peter Duerr, Augustin Souchy u.a., Kramer seit 1974
Duyn, Roel van, Die Botschaft eines weisen Heinzelmännchens, Jugenddienst-Verlag 1971
Feyerabend, Paul, Wider den Methodenzwang, Suhrkamp 1977
Goodman Paul, siehe die Goodman-Bibliographie in Verteidigung der Dichtkunst", Verlag Büchse der Pandora 1980
Grau, Monika, und Gringmuth, Heiner, „Freiheit für Christiania" - Elendsviertel, soziales Experiment oder Selbstorganisation Nicht-Angepaßter?, Verlag Gisela Lotz 1977

Holt John, Zum Teufel mit der Kindheit, Verlag Büchse der Pandora 1978
Mitford Jessica, Für die Abschaffung der Gefängnisse, Verlag Büchse der Pandora 1977
Sennett, Richard, The Uses of Disorder. Personal Identity and City Life, Vintage 1970. Ein außergewöhnlicher Beitrag zur Stadtplanungs-Theorie
Solnemann, K.H.Z., Das Manifest des Friedens und der Freiheit, Mackay-Gesellschaft 1977
Taylor, Gordon , Das Experiment Glück, Fischer 1973
Ward, Colin, Anarchismus in Aktion, Impuls 1978
Wolff, Robert Paul, Eine Verteidigung des Anarchismus, Verlag Büchse der Pandora 1979
Wolff, Robert Paul (Hg.) The Rule of Law, Simon and Schuster 1971. Kritische Beiträge zum modernen Rechtswesen von Howard Zinn, Edgar Z. Friedenberg, R.P. Wolff, Stanley Diamond u.a.

Paul Goodman
Anarchistisches Manifest

Veröffentlichungen

The May Pamphlet, in: Art and Social Nature, New York 1946 (Vinco Publishing Company), S. 1-49
ebenda, New York 1947 (Arts and Science Press); unverändert
Spring 1945: The May Pamphlet, in: Drawing the Line, New York 1962 (Random House), S. 3-51; überarbeitete Fassung
The May Pamphlet, in: Drawing the Line: The Political Essays of Paul Goodman, hg. von Taylor Stoehr, New York 1977 (Free Life Editions), S. 1-45; Fassung von 1946
Anarchistisches Manifest, übersetzt und herausgegeben von Stefan Blankertz, Westbevern 1977 (Verlag Büchse der Pandora); nach der Fassung von 1962
ebenda, 2. und überarbeitete und ergänzte Ausgabe Münster/Wetzlar 1978 (Verlag Büchse der Pandora); nach der Fassung von 1962
Die vorliegende Übersetzung ist überarbeitet und mit den Änderungen der Ausgabe von 1946 ergänzt.

Vorbemerkungen des Übersetzers

Zwischen den beiden amerikanischen Ausgaben, in denen das „Manifest“ existiert, liegen mehr als 15 Jahre; als Goodman es 1945 verfaßte, war es sein erster theoretisch-sozialkritischer Versuch - (inhaltlich hatte er die gleichen Aussagen allerdings in seiner Prosa, den Kurzgeschichten und Romanen, bereits gemacht) - und als er es 1962 wieder herausgab, war er der berühmt-berüchtigste Sozialkritiker in den USA überhaupt.

In der vorliegenden deutschen Ausgabe habe ich - anders als bei den beiden vorausgegangenen Auflagen (1977, 1978) - die Änderungen, die Goodman im „Manifest“ vorgenommen hat, berücksichtigt. Da es bei einer Übersetzung wenig Zweck hat, eine „kritische“ Ausgabe zu versuchen, sind allerdings nur inhaltlich interessante Änderungen aufgenommen worden: die die Aussage modifizieren, ergänzen oder die für die Interpretation hilfreich sind. Eine amerikanische kritische Ausgabe gibt es übrigens noch nicht; die Ausgabe der Free Life Editions (hg. v. Taylor Stoehr, 1977) folgt dem Text von 1945. In der vorliegenden deutschen Ausgabe gilt dagegen der Text von 1962, den ich für den ausgereifteren halte, als Grundlage, während der Text von 1945 nur zur Ergänzung angezeigt ist.

Ich habe mich bemüht, den Text so anzuordnen, daß die Lesbarkeit nicht beeinträchtigt wird. Textstellen, die nur die eine Ausgabe aufweist, sind mit [1962:] bzw. [1945:] am Anfang der Textstelle und [:1962] bzw. [:1945] an deren Ende gekennzeichnet. Gibt es eine alternative Formulierung, ist diejenige des Jahres 1962 mit [1962:] am Anfang und [:1962] am Ende angegeben, während die Formulierung des Jahres 1945 in eckigen Klammern [1945:....] aufgeführt ist.

Ein Abschnitt ist allerdings von Goodman so umformuliert worden (in den „Gedanken über die Grenze der Kooperation“), daß ich es für angebracht hielt, ihn parallel abzudrucken. Zwar ist die Aussage gleich geblieben, aber der Unterschied im Ton ist bezeichnend: Im Jahre 1945 schien Goodman die psychologischen Begriffe wie „Ich“ und „Es“ für Realitäten, ja, handelnde Subjekte zu nehmen, während sie im Jahre 1962 nur noch Abstrakta sind, Hilfsmittel zur Analyse, und das handelnde Subjekt wird mit „Mensch“ bezeichnet.

Desweiteren hat Goodman in der Ausgabe von 1962 einige pathetische Stellen, sowie den Charakter des „Manifests“ als Diskussionstext nur für Anarchisten, abgeschwächt.

Da Goodman die Begriffe „libertarian“ und „anarchist“ praktisch synonym gebraucht, habe ich sie überall mit „Anarchist“ übersetzt, weil es einen Begriff „libertär“ im Deutschen nicht gibt. Allerdings kommt der Begriff „libertarian“ in der Ausgabe von 1945 sehr viel häufiger vor; in der Ausgabe von 1962 hat Goodman viele Stellen, an denen „libertarian“ stand, durch Wendungen wie „free man“ oder einfach „man“ ersetzte, während er „anarchist“ überall stehen ließ.

In der Ausgabe von 1945 ist das Kapitel „Reflektionen über die Grenze der Kooperation“ das erste Kapitel, während das Kapitel „Verrat an den natürlichen Strukturen der Gesellschaft“ das zweite Kapitel ist. Die Anordnung von 1962 erscheint mir aber inhaltlich folgerichtiger als die von 1945.

Aus dem Vorwort von 1962 habe ich diejenigen Passagen übersetzt, die sich auf das „Manifest“ beziehen.

Aus dem Vorwort von 1962

Junge Freunde haben mich gebeten, das vergriffene „May Pamphlet" von 1945 wieder herauszugeben. Sie sagen, es habe heute eine größere Bedeutung als zu der Zeit, in der ich es schrieb. Seit jenen Tagen ist die sozial-technologische Organisation der Gesellschaft die ich damals nach Auguste Comte „Sociolatrie" nannte, jährlich schonungsloser geworden, und die jungen Leute brauchen mehr Ermutigung, sich dem zu widersetzen. Meine beste Idee scheint zu sein, daß man innerlich den konkreten, kritischen Punkt kennt, der einem den Geist bricht und die Integrität zerstört. (Junge Leute, die noch nie irgendeine Arbeit vollbracht haben, müssen sehr auf ihre Integrität bedacht sein.)

Auch hat seit jenen Tagen der endlos plätschernde Kalte Krieg meinen Anarchismus-Pazifismus relevant für eine weitere Generation gemacht, für ihre Friedensaktionen und ihre sozialen Entscheidungen. Unsere Gesellschaft hat noch keine neuen Wege oder Auswege entwickelt. Wir müssen es heute noch in der gleichen pessimistischen Weise sehen wie damals, und versuchen, in unseren eigenen Gemeinschaften zu leben, wenn wir überhaupt leben wollen. Wir glauben immer noch, das Krieg keine diskutable Politik ist - Sie zu diskutieren ist bereits ein Verrat an der Vernunft.

Das, was ich meinen jungen Freunden hauptsächlich lehren will, ist nicht die Doktrin von der „Grenze der Kooperation", sondern ich will ihnen - was vielleicht ermutigend, gewiß aber schmerzhaft ist - faktisch demonstrieren, daß es einem Menschen möglich ist, eine solche Doktrin anzunehmen und sie durch die Jahre der Schicksalsschlage hindurch mehr oder weniger zu leben und es immer weiter zu versuchen.

Die in diesem Buch ausgedrückte Hoffnung auf eine persönliche Gemeinschaft ist immer noch die einzige Wahrheit, die ich kenne. Aber um eine Gemeinschaft funktionsfähig zu halten, müssen die Menschen praktisch handeln können. Unglücklicherweise - ich nehme an, unvermeidlicherweise - sind die meisten der jüngeren Leute die diesen Ideen folgen, unglaublich hilflos; sie hängen herum, sie brechen zusammen; sie wissen nicht, sich zurechtzufinden. Sind sie ehrlich und mutig - sie haben nicht die fatalen Handikaps der Vorurteile, des Puritanismus oder der Sucht nach Status,- aber als ob sie eine Strafe für diese Freiheit zahlen müßten, scheinen sie unfähig, den einfachsten Haushalt zu führen.

April 1962. New York City

Verrat an den natürlichen Strukturen der Gesellschaft

Wir sprechen von „der" Gesellschaft in Wendungen, die besagen, daß irgendetwas für oder gegen die Interessen „der" Gesellschaft sei, so als sei sie ein einheitliches Gebilde und nicht ein loser Bund von kleineren Gemeinschaften, die es zugegebenermaßen auch gibt. Dieser Sprachgebrauch wird sicherlich gerechtfertigt durch die Einförmigkeit des gesellschaftlichen Verhaltens in der Industrie, der Ökonomie, dem Militär, der Erziehung und der Massenunterhaltung. Einige Philosophen nennen „die" Gesellschaft „unorganisch"; damit meinen sie, daß der Überfluß in vielen Bereichen, z.B. im Verkehr, zu weit von biologischen Funktionen entfernt sei und darum diese behindere. Aber im klassischen Sinne von „organisch" - nämlich, daß sich die kleinsten Teile gegenseitig verursachen, - ist unsere Gesellschaft „organischer" als Gesellschaften es je gewesen sind: Für alle Handlungen, besonders die absurden, kann eine gesellschaftliche Ursache und ihre gesellschaftliche Notwendigkeit nachgewiesen werden. Krankheit ist nicht weniger organisch als Gesundheit.

Im Bezug auf einige der wichtigsten Bedeutungen der gesellschaftlichen Einheit ist „die" Gesellschaft allerdings fast chaotisch. Dazu gehört zum Beispiel die Verwirrung über die moralischen Ansichten in den wichtigsten persönlichen Problemen. So: sollte ein Mädchen bei der Heirat Jungfrau sein? Gibt es verbindliche Normen für Verheiratete? Ist Diebstahl innerhalb der Gesetze zulässig? Ist Patriotismus lächerlich? Es wäre möglich, Millionen Stimmen für jeweils beide möglichen Antworten auf solche Fragen zu sammeln. Ich selbst habe das einmal ausprobiert und verschiedene Leute gefragt, wie sie reagieren würden, wenn sie Besuch eines inzestuösen Geschwisterpaares, das über Nacht bleiben wolle, bekämen, und erhielt viele unterschiedliche Antworten.

Natürlich ist die allgemeine Verwirrung und Duldsamkeit in solchen Dingen selbst ein Zeichen gesellschaftlicher Einförmigkeit: daß nämlich die Leute darin übereinstimmen, intime persönliche Angelegenheiten und Ansichten von dem öffentlichen Ritual, das gesellschaftlichen Druck ausübt, zu trennen. Die Uniformität der Kleidung, des Verhaltens und der Bedürfnisse ist zwar als Folge dieser Trennung intensiv, aber zugleich blutlos: es gibt keine Offenheit mehr.

Nun, im Hinblick auf gerichtliche Strafen für Verbrechen wie Diebstahl, Bigamie, Drogengenuß, Landesverrat, Mord gibt es nicht solche Verwirrung und Duldsamkeit. Wenn ein Fall erst einmal vor Gericht gebracht wurde, sind die Unterschiede im Urteil und in der Strafe nicht groß. Die bornierte Moral, die man in den Gerichten antrifft, ist erschreckend. Viele Fälle indessen, die vom Gesetz mit Strafe bedroht sind, aber infolge der Trennung von öffentlicher und privater Sphäre keinen Skandal mehr auslösen können, werden vom Gericht ferngehalten. „Verführung Minderjähriger“ zum Beispiel ist eine solche Straftat, die nicht mehr vor Gericht gebracht wird. Stellt dies das Strafgesetz nicht in eine außergewöhnliche Position, und reduziert dies nicht die Arbeit der Schöffen (juries)? - denn die Laienrichter, die doch gerade die Stärke der gesellschaftlichen Moral ausdrücken sollten, sind nun auf eine juristische Funktion der Beweiswürdigung verwiesen, was ein Berufsrichter besser könnte.

Aber die Diskrepanz zwischen moralischem und juristischem Urteil über Verbrechen ist sehr entlarvend. Auf der einen Seite werden die Leute, die durch Streß und Konsum zerrüttet sind, zunehmend weniger beunruhigt von leidenschaftlichen Versuchungen, die zu Verbrechen führen. Die Versuchungen werden vergeben, „verstanden“, anstatt empfunden; teilweise werden sie durch Presse und Film abreagiert; sie erscheinen nicht mehr als diabolisch; die einfache Duldung der Idee geht Hand in Hand mit der Trivialisierung des Wunsches. Aber auf der anderen Seite beruht das eigentliche Wesen jeder wie auch immer gearteten Gesellschaft auf dem persönlichen Verhalten der Menschen; und eine Zwangsgesellschaft beruht auf verinnerlichter Unterdrückung. Darum ist das Gesetz starr und „unbestechlich“. Es ist, als ob „die“ Gesellschaft zwar wisse, daß die

Unterdrückung sie möglich mache, dieses Wissen aber den Mitgliedern „der“ Gesellschaft unbewußt geworden ist. Auf diese Weise wird ein Höchstmaß an Zwang durch die einfachsten Mittel erreicht. Die Trennung von privatem und politischem, von moralischem und juristischem Bereich ist ein Zeichen dafür, daß die Hinnahme von Zwang der Menschen zur Zweiten Natur geworten ist. So ist es zu verstehen, daß die Leute „geschützt sind von der Wiege bis zur Bahre“!

Viele, ich glaube die meisten, der sogenannten Verbrechen sind in Wirklichkeit freie Handlungen, deren Unterdrückung die Ursache unserer Furchtsamkeit ist. Aber andererseits gibt es heute wichtige Handlungen, die wirkliche Verbrechen sind und über die dennoch nebensächlich geurteilt wird oder die von beiden, Gesetz und Moral, gebilligt werden. Handlungen, die zu Gleichgültigkeit führen, sind Verbrechen. Die Trennung von privaten Angelegenheiten und institutionellem Verhalten ist nicht nur ein Zeichen für Zwang, sondern sie zerstört auch natürliche Strukturen der Gesellschaft.

Laßt mich ein offensichtliches Beispiel geben: Ein Feldwebel schreibt über ein bombardiertes Gebiet und ein Krankenhaus für Schwerverletzte in Deutschland: „Im modernen Krieg gibt es Verbrechen, aber keine Verbrecher. In der modernen Gesellschaft gibt es Böses aber keinen Bösen. Der Mord ist mechanisiert und dem Unpersönlichen überlassen. Die böse Tat der blutigen Hände gehört einer vergangenen Zeit an, als der Mensch noch seine eigenen Sünden begehen konnte. (...) Hier wie in vielen Fällen gehört die Schuld zur Maschine. Irgendwo in dem Apparat der Bürokratie, in Denkschriften und Richtlinien wurde ein Verbrechen begangen.“ Dies wurde zur gängigen Beobachtung: Der stolze Bomberpilot ist kein Killer, so wenig wie der um Profit spekulierende Kapitalist willentlich die Umwelt zerstört. Das System und sogar die Maschine selbst (!) sind nun schuldig. Sollen wir das dreimotorige Flugzeug vor Gericht bringen?

Das Beste auf der Welt ist, im Vertrauen zu leben ohne die Zurechnung von Schuld: das Reich Gottes in sich zu haben. Siehe, diese Menschen lassen sich keine Schuld zurechnen, aber haben sie deswegen auch das Reich Gottes in sich? - Es sind, wie Hawthorn sagte, Reisende auf der Himmlischen Eisenbahn ! Das Verbrechen, daß diese Menschen - (wie wir alle in unserem Maße) begangen haben, ist genau das verwerflichste im Recht: ein Verbrechen, schlimmer als

Mord. Es ist Verrat. Verrat an den natürlichen Strukturen unserer Gesellschaft, soweit sie überhaupt noch existieren.

Nicht alle begehen in gleichem Maße Verrat an den natürlichen Strukturen unserer Gesellschaft. Einige sind mehr Anführer, andere mehr Mitläufer. Aber es ist lächerlich zu sagen, daß das Verbrechen nicht zugerechnet werden kann oder daß jeder es begeht, ohne es zu wollen oder aus Unwissenheit. Denn jeder kennt Augenblicke, in denen er gegen seine Natur gesellschaftskonform handelt, in denen er seine besten spontanen Impulse unterdrückt und sich feige von seinem Herz distanziert. Die Schritte, die er zu Gewöhnung und Unbewußtheit macht, sind die Verbrechen, die alle Übel der Versklavung und des Massenmordes nach sich ziehen. Der Mord kann nicht direkt einem Menschen zugerechnet werden, da hat der Feldwebel recht; aber der fortgesetzte Verrat muß zugerechnet werden. (Warum ist er immer noch Feldwebel?)

Laßt uns sehen, wie dieses schreckliche Prinzip der Schuldzurechnung, das trotz allem als gerecht erklärt werden muß, arbeitet. Wir haben eine Gesellschaft mit einer Mischung aus Zwang und Natur hervorgebracht. Die stärksten natürlichen Einflüsse - elterliche Gewalt, kindliche Nachahmung; der Wunsch der Jugend, unter sich und unabhängig zu sein; die Fähigkeit des Handwerkers, etwas zu produzieren; die Bürgerpflichten - all dies wird in widernatürlicher Weise eingesetzt, um uns dazu zu bringen, auf unsere Natur zu verzichten und sie zu vergessen. Wir gehen konform mit Institutionen, die bis zu einem gewissen Punkt große natürliche Befriedigungen verschaffen, Nahrung, Bildung und Freundschaft - dann plötzlich erkennen wir, daß schreckliche Verbrechen begangen werden, und wir sind irgendwie die Agenten. Und einige von uns können sich sogar noch erinnern, wann es war, daß wir den Kompromiß schlossen, töricht vorsichtig waren, eine tiefere Befriedigung auf eine andere, bequemere Zeit vertagten und entgegen unserer besseren Einsicht gehorchten.

Es wird gesagt, das System sei schuldig; aber das System sind seine Mitglieder, die in das System gezwungen werden. Es ist auch wahr, daß das System selbst den Zwang ausübt.

Folgendermaßen: Ein Mann arbeitet in einer großen Fabrik mit ausgeprägter Arbeitsteilung. Er macht einen sich wiederholenden Handgriff, der in sich selbst sinnlos ist. Natürlich ist diese Arbeit verdrießlich und er hat eine Menge Impulse, „fischen zu gehen“, nicht aufzustehen, wenn der Wecker rappelt, einen interessanteren Job zu suchen, sich mit einigen anderen Mechanikern zusammen zu tun, um eine kleine Maschinenwerkstatt aufzuziehen und einige Ideen auszuprobieren, auf dem Land zu leben usw. Aber gegen diese Impulse trifft er in der Fabrik und bei seinen Mit-Arbeitern (zusätzlich zu dem Druck der „Verantwortung für die Familie“) die folgenden plausibel klingenden Argumente: daß sie sich in der Fabrik und als Repräsentation der Fabrik zusammenschließen müssen, in der Industrie und als Repräsentation der Industrie, um für „bessere Arbeitsbedingungen“ zu kämpfen: für mehr Lohn, kürzere Arbeitszeit, zusätzliche Sozialleistungen. Die militanteren Funktionäre meinen gewöhnlich sogar, daß sie durch diese Mittel letztlich die ganze Industrie kontrollieren und das Profitsystem zerschlagen könnten. Nichts von dem antwortet auf die ursprüngliche Langeweile der Arbeit; aber gut! Ein Arbeiter verschreibt sich diesem Programm. Nun, wie dem auch sei, da niemand unbefangene Gewitztheit genug besitzt, um für eine ganze Fabrik, einen Industriezweig oder gar die ganze Industrie zu entscheiden, was zu fordern ist und wann welche Mittel effektiv sind, muß unser Mann sich der Führung anderer unterstellen, die im Bezug auf ihn unbefriedigend ist. So kämpft er für mehr Lohn, wenn er vielleicht nicht primär darauf gerichtet ist, seinen Lebensstandard zu erhöhen, sondern irgend etwas Eigenes zustande bringen will zwischen Wiege und Grab. Er kämpft um einen höheren Rang, obwohl er in Wirklichkeit jenen Job gar nicht will, usw., usf. Die Inhalte des Kampfes werden bestimmt durch große, ferne Kräfte; die Gewerkschaft selbst ist eine ungeheuerliche Struktur und ist mit dem Ganzen der bestehenden Gesellschaft verflochten. Als nächstes erfährt er, daß er verpflichtet wird, überhaupt nicht zu streiken, sondern Kriegsmaschinen zu produzieren. Die Maschinen sind dann „schuldig“!

Es ist wahr, daß die Impulse eines solchen Mannes vage, romantisch und das sind, was pubertär genannt wird. Selbst wenn sie realisierbar wären, würden sie nicht zu voller Befriedigung führen. Nichtsdestoweniger ist der Kern dieser Impulse tiefsinnig und natürlich. Jedes Programm ist ein Verbrechen, das nicht das Wesen der industriellen Langeweile, des unbefriedigenden Jobs trifft, sondern parallel dazu verläuft. Jeder Arbeiter, der einen Job aus Zwang ausübt (z.B. um sich ernähren zu können), ist ein Verräter. Wenn er sich auf das Gleis eines guten, aber belanglosen Programms abschieben läßt, ist er ein Verräter.

Ich habe ein hartes Beispiel gewählt, das Widerspruch hervorrufen wird. Laßt mich ein noch härteres Beispiel wählen.

Ein sehr junger Jugendlicher hat, wie es oft genug vorkommt, sexuelle Beziehungen zu seinen Spielgefährten. Die Jungen wollen so teils ihre Träume über Mädchen befriedigen, teils auch ein echtes homosexuelles Verlangen, das zurückgeht auf früheren Narzismus und Identifikation mit der Mutter in der Kindheit. Aber wegen der Dinge, die ihnen in ihrer Konfessionsschule gelehrt werden und der allgemeinen Worte der Verunglimpfung, deren Bedeutung sie nun erst begreifen, schämen sie sich alle ihrer Handlungen. Ihr Genuß ist unterdrückt und an seine Stelle treten Faustkämpfe und Gewalt. Der Jugendliche wird erwachsen und heiratet bald. Nun ist da eine Einberufung für einen Krieg, der weit weg stattfindet, dessen Ziele zweifelhaft sind und bestimmt kein Teil seiner unmittelbaren Bewußtheit und Reaktion. Aber sein natürlicher Wunsch, der Einberufung entgegenzutreten, wird verdrängt durch die starke Attraktivität, von seiner Frau fortzukommen, der er etwas müde ist, und die „freie" Gesellschaft der Jungs im Camp zurückzugewinnen. Er will weg von der väterlichen Rolle, von zu großer Verantwortung, zurück zur Abhängigkeit von dem elterlichen Dragoner. Das Lagerleben, das auf unterdrückter, letztlich aber wenig verhehlter Sexualität beruht, zementiert die stärksten Bande der Kameradschaft unter den Soldaten. Trotzdem steht irgendeine offene sexuelle Befriedigung unter ihnen außer Frage. Stattdessen nehmen die Kumpels zusammen Prostituierte, ficken sie im gleichen Raum und tauschen Prahlereien über ihre Heldentaten aus. Als nächstes wandelt sich diese gewaltsame „Homosexualität", die so nahe an die Oberfläche kommt, aber immer unterdrückt wird und darum Spannung ansammelt, in gewaltsamen Sadismus gegen den Gegner: das zeigen all die Messer, Gewehre, Bajonette und die Bombardierungen der Städte. So wird unter dem Vorwand der Wut die Gier unterdrückt, die Japse zu f-----.

[1962:] Die nächste Generation dieser unterdrückten jungen Männer praktiziert Karate, die, wie immer unvermeidlich, den gleichen Japanern entlehnt ist. [:1962]

Es ist schwer, das Verbrechen des Verrates an den natürlichen Strukturen der Gesellschaft diesen Männern zuzurechnen, die nicht einmal wissen, was ihr Impuls ist. Sie wußten es als Jungen; sollen wir die Jungen anklagen? Und selbst die Erwachsenen, Priester und Lehrer, die gehässig die Possen der Jungen verbieten, tun es aus unbewußtem Neid und Ressentiment. Aber sie könnten es letztlich besser wissen, oder warum sind sie Lehrer?

Es ist furchterregend, aber nicht nutzlos, auf diese Weise den Verrat bestimmten Personen zuzurechnen und die institutionellen Verbrechen, die nichts als Symptome und Ergebnisse sind, bis zu den Umständen des Zwanges und der Resignation zurückzuverfolgen. Die Schuldigen stellen sich heraus als kleine Kinder, liebe Eltern, aufrechte Radikale, Lehrer, die sich ihrer Absicht nicht bewußt sind, und sogar Vorfahren, die tot sind. Gott sei Dank müssen wir nicht an Strafen denken, denn wir [1945: der Anarchist] wissen, dem alten Sokrates folgend, daß die Strafe für Unrecht besteht, das sein zu müssen, was man ist. Die Menschen, die sich selbst von der Natur trennen, müssen jede Minute ihres Lebens ohne die Kraft, die Freude und die Freiheit der Natur leben. Und wir, die wir offen schwere Zwangsmaßnahmen von solchen Leuten erleiden, zeigen auf unseren Gesichtern, daß wir die Kräfte der Natur brauchen.

Es ist wie die Unterscheidung der Theologie zwischen dem Alten und dem Neuen Testament. Im Alten Testament sind alle schuldig, im Neuen können sie leicht gerettet werden. Wir sehen, daß in der Tat jeder, der noch Leben und Energie besitzt, ständig einige natürliche Kräfte aufbietet und deshalb heute unnatürlichem Zwang gegenübersteht.In einigen offensichtlich trivialen Fällen, die dennoch eine Schlüsselstellung besitzen, legt man die Grenze der Kooperation fest. Der nächste Schritt, den man dann zu machen hat, ist nicht obskur oder schwierig, er zeigt sich sofort; er wird sogar gewaltsam von der Gesellschaft präsentiert! [1962:] Die moderne Gesellschaft läßt uns nicht in Frieden - sie ist zu geschlossen - sie führt uns die Hand. [:1962] [1945:] Wird man nicht bald, im Kontrast zum Zwangsverhalten, ein Verhalten der Freiheit entwickeln? Dann werden positive natürliche Handlungen wie Blumen blühen. [:1945]

[1945:] Brüder! Der Sklave in unserem Herzen ist tot; mehr muß nicht getötet werden - könnt ihr nicht hören, schon findet die Liebe ihren Weg; kreative Stimmen flüstern überall auf der Welt und Tapferkeit blüht wie Blumen. [:1945]

Gedanken über die Grenze der Kooperation

I.

Eine freie Gesellschaft entsteht nicht, indem die alte Ordnung durch eine „neue Ordnung“ ersetzt wird. Sie entsteht vielmehr durch die Ausdehnung des Raumes für freie Handlungen, bis diese das soziale Leben bestimmen. (Das solche Befreiung Schritt für Schritt geschieht, heißt nicht, daß sie ohne revolutionäre Einbrüche gelingen kann, da in vielen Bereichen - z.B. Militärwesen, Wirtschaft, Sexualerziehung - eine wirkliche Befreiung eine totale Veränderung einschließt.)

Obwohl in jeder bestehenden Gesellschaft viel Zwang vorhanden ist, gibt es gleichwohl auch viele Freiräume. Wenn dem nicht so wäre, könnte ein bewußter Anarchist nicht kooperieren oder überhaupt in dieser Gesellschaft leben. Tatsächlich aber ziehen wir fortwährend eine Grenze, jenseits derer wir die Kooperation verweigern. In kreativer Arbeit, in Leidenschaft und Gefühl, in spontaner Unterhaltung, gibt es gesunde Entfaltungsmöglichkeiten für Natur und Freiheit. Deren Geist übertragen wir oft in Gedanken auf alle Handlungen der utopischen freien Gesellschaft: auf Lebensart, auf das bürgerliche Leben und auf das Recht. Allerdings leben auch die korruptesten und zwanghaftesten Funktionen der bestehenden Gesellschaft von guter natürlicher Kraft - dem Abklatsch davon; anders könnte die Gesellschaft keinen Augenblick überleben, weil freie natürliche Kraft die einzige Quelle des Lebens ist. Die Wirkungen dieser natürlichen Kraft sichern die Existenz der Menschen, obwohl die Produktionsmittel, die Kostenaufwendungen und die Produktionsverhältnisse zwanghaft organisiert sind. Ebenso würde der totale Krieg das Ende von uns allen sein, wenn es nicht die Tapferkeit und Strapazierfähigkeit der Menschen gäbe.

Freie Aktion bedeutet, in der bestehenden Gesellschaft so zu leben, als sei sie eine natürliche. Diese Maxime hat drei Konsequenzen, drei Momente:

(1) In den Bereichen, die in der Tat frei und natürlich sind, entfalten wir persönliche Eigenart und geben gegenseitige Hilfe.

(2) In vielen Bereichen, die zwanglos erscheinen, sind wir in Wahrheit doch vom Unnatürlichen getäuscht durch den Zwang, der uns geformt hat. So haben wir uns zum Beispiel die amerikanische Hektik und den amerikanischen Lebensstandard angewöhnt, die beide durch und durch unnatürlich und zwanghaft sind. Hier verlangt die Maxime, daß wir als erstes uns selbst korrigieren.

(3) Schließlich gibt es solche natürlichen Handlungen oder Verweigerungen, die offen mit den Zwangsgesetzen kollidieren: das sind die „Verbrechen", die ein freier Mensch verpflichtet ist zu begehen, je nachdem, wie es seine berechtigten Wünsche verlangen und wie die Anlässe dazu auftauchen.

Der freie Mensch [1945: der Anarchist] ist eher chiliastisch als utopisch. Er freut sich nicht auf einen zukünftigen Zustand, den er mit zweifelhaften Mitteln durchsetzen müßte; sondern er baut hier und heute, soweit er kann, auf seine natürlichen Kräfte. Denn diese Kräfte werden auch in der freien Gesellschaft die gleichen Strukturen haben, wenn auch mit größerer Reichweite und fortwährend gestärkt durch gegenseitige Hilfe und brüderlich ausgetragene Konflikte. Ein freier Mensch [1945: der Anarchist] erringt den Sieg, errichtet die freie Gesellschaft nur dadurch, daß er daran festhält, in Natur und Freiheit zu leben und zu handeln; es ist nicht notwendig für ihn, über jemanden zu siegen. Wenn er kreativ ist, gewinnt er. Wenn er Widerstand leistet und leidet, gewinnt er. Ich sage das, um anständigen Menschen zu helfen, nicht zu verzagen, wenn es so scheint, als ob ihre ehrliche und verdienstvolle Arbeit ohne „Einfluß" bliebe. Der freie Mensch strebt nicht danach, Organisationen zu beherrschen, sondern in natürlichen Gruppen zu handeln, die bedeutungsvoll für ihn sind - die Menschen handeln vorwiegend in Gruppen. Nehmen wir einmal an, eine Million [1945: einige Millionen] Menschen würde ganz abseits von jeer „politischen" Absicht, ihre natürliche Arbeit leisten [1945: die ihnen Freude macht] und das Beste geben, was sie könnten. Das System der Ausbeutung würde sich auflösen wie Nebel in der Sonne. Was für einen Nutzen hat dagegen eine Aktion, geboren aus Ressentiment, die

Mißstände korrigieren will, dabei aber kein Stück Natur zurückgewinnt?

Die Aktion, die auf natürliche Kraft aufbaut, wird in der Tat sich selbst zur Geltung bringen. Stärke ist in Ordnung. Aber laßt die Gewalttätigen und die Feiglinge keinen Moment in dem Glauben, daß ihre Brutalität Stärke sei. Was für große Dinge haben sie geschaffen im praktischen Leben, in der Kunst oder der Wissenschaft? [1962:] Ihre Gewalttätigkeit ist eine Angst; die Angst, die sich vor sich selbst hinter Selbstgefälligkeit versteckt. Davon kommt nichts Gutes. [1962]

II.

Ich war großzügig im Gebrauch der Begriffe „Natur", „natürlich" und ihrer Gegensätze. Um Wert und Unwert zu bezeichnen, gebrauchte ich Wendungen wie „natürliche" und „unnatürliche Institutionen". Führt dieser Gebrauch der Begriffe nicht zu Widersprüchlichkeiten? Denn die schlechten wie die guten Institutionen sind doch offensichtlich in einem natürlichen Prozeß entstanden. Auch eine schlechte Konvention hat natürliche Ursachen. Wie können wir sie „unnatürliche" nennen?

Laßt uns das Beispiel einer Sprache wie die englische betrachten. Ich will dabei drei Komplexe unterscheiden: physische und gesellschaftliche Natur, natürliche Konvention und unnatürliche Konvention. Für Menschen ist es physisch und gesellschaftlich natürlich zu sprechen: sie haben Sprachorgane; sie kommunizieren mit ihnen. Kinder drücken sich mit bestimmten Lauten aus und ahmen das Sprachverhalten ihrer Eltern nach. Aber jedes Sprechen artikuliert sich in einer bestimmten Sprache. Die Sprachorgane, die Notwendigkeit zu kommunizieren, der Ausdruck der Gefühle, der Wunsch nachzuahmen und sich zu identifizieren: das ergibt die Möglichkeit des Sprechens in einer bestimmten Sprache; historische Umstände machen die Sprache zur englischen. Es ist üblich, die historisch gewordene Sprache konventional zu nennen, aber es ist eine „natürliche" Konvention, in der die Konvention „Englisch" ein spezielles Mittel ist, die allgemeine Potenz der Sprache zu entfalten. Und hier haben wir den Schlüssel dafür, wie wir von einer „unnatürlichen" Konvention sprechen können: Eine unnatürliche Konvention hindert eine menschliche Potenz daran, sich zu entfalten. So ist das Englische durch den Gebrauch in der Werbung unnatürlich geworden. Die Methode der

Werbung besteht darin, eine automatische Reflexantwort zu begründen, eine unmittelbare Verbindung zwischen gewissen Worten und einem Kaufwunsch. Die Werbung verdirbt die Worte, die doch in einem Zusammenhang mit der Nachahmung der Eltern und Gleichaltriger standen, so daß sie nicht mehr ein gefühltes Bedürfnis ausdrücken, nicht mehr die Sympathie zwischen Personen mitteilen und nicht mehr dem Wunsch nach wirklich erfahrenen Dingen entsprechen. Diese Funktionen offener Sprache sind überdeckt von einer erfolgreichen Werbung. Aber diese Funktionen sind die stärkste und die kreativste Kraft beim Sprechen. Darum können wir sagen, daß der Mißbrauch des Englischen in der Werbung die Potenz der Sprache daran hindert, sich zu entfalten; dieses verdorbene Englisch ist unnatürlich.

Es wird aber eingewandt, daß automatische Reaktionen auch natürlich seien: sie sind physisch und gesellschaftlich notwendig, betrachtet man Wörter wie „Aufgepaßt" oder „Feuer"! Aber laßt uns ruhig die Ordnung und die Logik solcher Alarmwörter im Verhältnis zu der übrigen Sprache betrachten. Wenn Alarmwörter zu oft angewendet werden, verlieren sie ihre Wirkung, gerade wie wahlloses Fluchen keine verfluchende Wirkung mehr hat. Das natürliche Verhältnis von Notfall - und Normalsituationen ist so, daß die stärksten Kräfte der Gesundheit, der Sicherheit und des Genusses nicht daran gehindert werden, sich zu entfalten. Dennoch hemmt selbst die natürliche Notsituation Wachstum, Erinnerung und Reflektion. (Sie schließt auch den religiösen, eschatologischen Sinn der Notsituation aus.) Beim Wort genommen drücken die Methoden der Werbung und der abgedroschenen politischen Slogans einen Zustand chronischen Alarms aus!

Genau dies ist bei eingehender Betrachtung unsere historische Situation. An diesen Methoden der Werbung und der politischen Slogans ist nichts natürlich: und unser armes Englisch wird, wie ein treuer Diener, dringender „Notwendigkeit" geopfert. Die Gesellschaft, die es nötig hat, die Produkte ihrer Industrie zu verkaufen, ist in einem Zustand chronischen Alarms: wieviel Zeit bleibt da noch für Wachstum, Erinnerung und Reflektion? Und der „hohe" Lebensstandard, der auf diese Weise geschaffen wurde, beruht auf Notbedingungen, die jede Art von natürlichem Lebensstandard verhindern. Denn unter diesen Bedingungen gibt es keine emotionale Befriedigung, keine Reflektion [1962:] und keine Freiräume, in denen Erfindungsgabe blühen kann. [:1962] [1945:] Aber weiter noch: dieser Alarmzustand bei der allgemeinen Wort- und Konsumberieselung macht die Leute für weitere Zwänge in jedweder Richtung empfänglich, weil man mitgerissen wird. [:1945] [1962:] Ein Mensch, der unter Streß, Alarm und Geräuschberieselung seine Einkäufe macht, kann keine Zusammenhänge herstellen; er wird mitgerissen, macht Schulden und ist offen für noch weiteren Zwang. Nun kann er nicht einmal mehr seinen Job aufgeben. Aber wir brauchen nicht über den Umweg der Analyse des Sprachverhaltens zu gehen, um zu wissen, daß unsere Lebensweise zwanghaft ist. Wir können es durch direkte Beobachtung auf der Straße erfahren. [:1962]

[1945:] Man muß nicht über den Umweg der Analyse des Sprachverhaltens gehen, um zeigen zu können, daß das moderne Industriesystem mit seiner Zeiteinteilung und der starken Arbeitsteilung wider Vernunft, Freiheit und Natur ist! Aber ganz allgemein: die Analyse der Kräfte, die irgendeine natürliche Macht unterdrücken, wird zeigen, daß sie selbst unter Druck stehen. (Darum werden die anarchistischen Argumente wie jede freie Lebensäußerung allein durch ihre Existenz Gewicht erhalten. Umgekehrt wird die Analyse jeder großen gemeinsamen Leistung in der Kunst, in der Wissenschaft oder im praktischen Leben einerseits das Zusammenwirken vieler Kräfte in einem Ganzen zeigen, aber andererseits auch jede einzelne dieser Kräfte ausdrücken - obwohl ich das hier nicht beweisen kann. [:1945]

[1962:] Die Leute sind sowohl verängstigt als auch abgestumpft. es ist eine ärmliche Form von Demokratie, in der niemand Widerstand leistet, obschon jeder Widerstand leisten müßte. (Stattdessen gibt es, erschreckenderweise, „Idole"). Menschen die starke natürliche Kräfte unterdrücken, stehen selbst ständig unter Druck. Der Gefängniswärter ist selbst im Gefängnis, ja, sogar der Gefängnisdirektor. [:1962]

[1962:] Aber wie bei jeder großen Zusammenarbeit in der Kunst, in der Wissenschaft oder im praktischen Leben ist die Signatur eines jeden Helfers im Ergebnis offen sichtbar. Der Stoff hat die Farbe des Garns. [:1962]

III. [Fassung 1945]

Was den Zwang selbst angeht, so muß sich, um ein extremes Beispiel zu nehmen, der Anarchist fragen: was ist natürlicher und was unnatürlicher Zwang? Ich zweifle, ob ich diese Frage zu meiner eigenen Zufriedenheit beantworten kann, aber vielleicht können wir in den folgenden Betrachtungen einen Anhaltspunkt finden.

Natürlicher Zwang scheint mit natürlicher freiwilliger Anhängigkeit zusammenzuhängen. Ein Kind ist abhängig; ein Kind ist freiwillig abhängig; auf der Basis der Sicherheit gefühlter Liebe und Sorge wächst es zur Unabhängigkeit heran, teilweise durch die Imitation derjenigen, bei denen es sicher ist, und teilweise durch die Abwendung von ihnen. Ein gewisses Maß an Zwang und sogar an sinnvoll eingesetzter Gewalt verstärkt die notwendige Sicherheit. (Offensichtlich darf die Gewalt nur sinnvoll eingesetzt werden, daß heißt an den Stellen, die auch unter Erwachsenen gewaltsam ausgetragen werden; denn Absolute Gewalt ist zerstörerisch). - Es handelt sich hier um einen Allgemeinplatz. - Weiter, ein Schüler ist freiwillig abhängig vom Lehrer, der Autorität und intellektuellen Zwang ausübt; und weiter, der Fortschritt des Schülers und das Ziel des guten Lehrers ist, wie Fromm gesagt hat, die Unabhängigkeit des Schülers vom Lehrer. Wenn die voraufgegangene kindliche Abhängigkeit unglücklicherweise unsicher oder verängstigend war, wird ein junger Mensch weder seinen Lehrern trauen noch zu ihrem Bruder heranwachsen können: er ist unfähig, auf neues Wissen und neue Kräfte zu bauen. (Dann können wir sagen, daß der elterliche Zwang gewalttätig und unnatürlich war.) Weiter, es ist gewiß, daß die Entmutigung der kindlichen Sexualität, oder sogar nur das Fehlen von Ermutigung - so wie gute Eltern andere sich entwickelnde Kräfte wie Gehen, Sprechen, Zeichnen ermutigen - zu allgemeiner Ängstlichkeit und Furchtsamkeit führt und darum unnatürlicher Zwang genannt werden kann. (So Wilhelm Reich.)

Mit diesen wenigen, aber wichtigen Fakten können wir folgendermaßen psychologisieren: Das Ich formt sich schrittweise in der Spannung zwischen dem inneren Verlangen und dem Strom äußerer Eindrücke, beides Quellen natürlicher Kraft. Und es muß angenommen werden, daß das Ich eine eigene Kraft besitzt; Freud nennt es den „organisierten Teil des Es“ aber ich behaupte frech, daß es der organisiernde Teil des Es ist: wenn die besondere Arbeit der Organisierung genügend viele konkrete Erfahrungsmuster konstruiert hat, übernimmt das sich schrittweise herausbildende Ich seine große Rolle als Interpret, Verteidiger und Lieferant. Nun scheint mir die Gefahr für das Kind im Allgemeinen nicht darin zu bestehen, daß das Ich sich nicht herausbildet, ein Fall extremer Psychose, sondern daß es sich zu schnell herausbildet, zu unbeweglich, ein zu geschlossene System wird, und sich so gegen die innere und äußere Welt abschirmt, aus der wir letztlich die Lebenskräfte ziehen müssen. Dies wurde besonders im Hinblick auf den inneren sexuellen Trieb gesagt, gegen den sich das Ich selbst stellt (und im Gegenzug erotisiert wird); aber nicht genügend Nachdruck wurde gelegt auf die unheimliche Unwissenheit, Dummheit, Interessenlosigkeit und das Fehlen von Beobachtungsgabe und Aufnahmefähigkeit, die uns alle charakterisieren und die auch der Begrenzung durch ein zu enges, in sich gekehrtes und erotisiertes Ich zuzuschreiben sind. Nun ist die natürliche Abhängigkeit, das Bedürfnis nach Sicherheit zweigestaltig; erstens selbstverständlich die Befriedigung der emotionalen und erotischen Instinkte des Kindes; aber zweitens - und das ist der Punkt, auf den ich in unserem Zusammenhang hinaus will - die Ausstattung mit bedeutsamen, nachahmbaren Mustern der Interpretation und des Verhaltens durch die Erwachsenen, mit deren Hilfe das kindliche Ich Zeit gewinnt und sich nicht zu schnell gezwungen sieht, sich auf sich selbst verlassen zu müssen. Der Erwachsene entscheidet, wo das kindliche Ich noch nicht entscheiden sollte: das ist Zwang, teilweise körperlicher Zwang, der das Kind entweder bestimmter Erfahrung aussetzt oder es von ihr verschont. Natürlicher Zwang ist die Entscheidung des Erwachsenen, die dem kindlichen Ich die größte innere und äußere Kraft gibt, sich in Erfahrung und Kunst einzuarbeiten. Da solche Entscheidungen kulturell geprägt und nicht spontan sind, möchte ich solchen elterlichen Zwang als natürliche Konvention bezeichnen. (Zum Zwecke dieser Analyse mag „Erwachsener" einen Elternteil, beide Eltern oder mehrer „Eltern" bezeichnen, leibliche oder Pflegeeltern.)

Ein Schüler, selbst ein sehr kleiner, ist nicht in der gleichen Weise abhängig, weil nur an die Eltern wirkliche Erinnerungen an die Zeit vor der Herausbildung des Ich gebunden sind. Die Beziehung mit den Eltern bleibt immer irgendwie innerlich. (Innerlich und sozial; es war eine schlechte Idee von Sullivan und anderen, das Soziale mit dem Zwischenmenschlichen gleichzusetzen). Die Beziehung zum Lehrer ist zwischenmenschlich, Ich zu Ich; aber die innere Anhängigkeit besteht in Symbolen und Attitüden, und der Lehrer steht symbolisch an Eltern

Statt (das genügt, da in dcn Künsten und Wissenschaften auch zuerst nur des Lehrers Stimme herrscht; ein Mensch, der sich solch einer archaischen Attitüde nicht anheimstellen kann, ist vielleicht nicht wirklich bildsam).

Wir kommen schließlich zu unserem Ziel: Von den einfachen Gütern, Nahrung, Obdach, Sicherheit, über die große konstitutionierte Körperschaften wie Regierungen und Wirtschaftssysteme Autorität beanspruchen, gibt es keins, bei dem ein durchschnittlicher, erwachsener Mensch nicht kompetent ist, darüber zu entscheiden. Wenn sich das Ich nicht bis zu diesem Punkt entwickelt hat, ist es durch voraufgegangenen, unnatürlichen Zwang verstümmelt worden. Ich meine, daß jeder weiß, wann er hungrig ist und essen will, oder genug weiß, um aus dem Regen heim zu kommen. Ich sage das gleiche wie Tao, nämlich daß es „das Bestreben der Regierung ist, die Mägen der Leute voll und Ihren Geist leer zu halten" - nicht das ein leerer Geist nicht auch Ideen hervorbringen wird, aber es ist nicht die Angelegenheit einer Regierung. Darum sollten alle solche Angelegenheiten auf der Basis Ich zu Ich abgeklärt werden ohne eine Abhängigkeit, sei sie nun physisch oder symbolisch; das sind Angelegenheiten der Diskussion und Vernunft, nicht der Überzeugung und Macht. Ein Mensch muß seine eigenen Verbindungen herstellen. Jeder Zwang in dieser Sphäre ist unnatürlich,weil er erstens das Ich davon abhält, seine lebendige Kraft zur Interpretation und Verteidigung der meisten elementaren triebhaften Forderungen zu realisieren; und weil er zweitens - was vielleicht noch wichtiger ist - die archaische Attitüde wachruft, was dann die Kraft des Ich ganz und den Menschen aufs Kind reduziert. Was ist der Zweck eines Menschen, der nicht entscheiden kann, ob er kalt oder verletzt ist, oder der sich mit Worten und Symbolen die eigene direkte Erfahrung nehmen läßt?

Zur Zeit sind die Menschen selbstverständlich nicht fähig, die einfachsten Güter zu beschaffen. Der Staat tut es für sie. Und übt Zwang aus. Das Ich ist isoliert von den elementaren Tatsachen, indem es organisiert, was es überhaupt selbst erst hervorbrachte. Es befindet sich im Zustand fortwährenden Alarms. Unter diesen Umständen präsentieren sich die Politiker einfach als Väter und Führer. Und wir sollen das fortschrittlich und gut heißen?

III. (Fassung 1962)
Was ist natürlicher Zwang und was ist unnatürlicher Zwang? Ich bezweifle, daß ich diese schwere Frage zu meiner eigenen Zufriedenheit beantworten kann, aber doch genügend für die groben Fakten, mit denen wir es hier zu tun haben. Erziehung hat immer Elemente von natürlichem Zwang, aber Regierung durch den Staat oder die Gesellschaft ist unnatürlich.

Natürlicher Zwang scheint mit natürlicher Abhängigkeit zusammenzugehen. Ein Säugling ist abhängig, er ist Teil seiner Mutter. Für ein heranwachsendes Kind ist die Abhängigkeit gewissermaßen freiwillig. Denn das Kind fühlt sich sicher in der Sorge und Aufmerksamkeit der Erwachsenen. Und es wächst in die Unabhängigkeit hinein, teils durch Nachahmung, teils durch die Abwendung von denen, bei denen es sicher war. Einem Kind wachsen Zähne, wenn es aufhört zu saugen, und es beginnt zu gehen, wenn es groß genug ist, um einmal weggehen zu können - in die Unabhängigkeit, weil dies etwas Positives ist. Noch sind Zwang und Gewalt unvermeidlich, weil das Kind in eine vorbestimmte Kultur der Erwachsenen hineinwächst, und in eine Situation, in der die Erwachsenen unzufrieden sind mit sich selbst. Für ein Kind muß dies wie jede andere Realität erscheinen - etwas, das keinen Sinn hat, aber sehr interessant ist. Schließlich lernt es, auszuweichen. (Meiner Meinung nach ist das alles, was es lernt, weil schöne neue Wahrheiten nicht duch einen Schlag auf den Kopf vermittelt werden.)

Ein Schüler ist abhängig von einem Lehrer, der Autorität benutzt und die Lektionen festlegt. Von dieser Abhängigkeit gibt es vielleicht mehr als nötig. Aber der Fortschritt des Schülers führt in die Unabhängigkeit, wie es das Ziel des Lehrers ist,sich überflüssig zu machen. Wenn ein Jugendlicher sich sein Vertrauen durch die Stürme der Kindheit bewahrt hat, kann er von Lehrern lernen. Ein Mensch, der sich nicht der archaischen Situation der Abhängigkeit überantworten kann, ist vielleicht nicht wirklich bildsam. Wenn die kindliche Abhängigkeit zu erschreckend oder einschüchternd gewesen ist, wird ein junger Mensch weder seinen Lehrern trauen noch kann er wachsen, um ihnen gleich zu werden. So wird er davon abgehalten, auf das Wissen und die Kraft zu bauen, die die Lehrer verkörpern. An diesem Anzeichen können wir erkennen, wann elterlicher Zwang gewalttätig und unnatürlich war.

Die Entmutigung der kindlichen Sexualität führt zu späterer Ängstlichkeit; Sauberkeitsdressur führt zu Ordnungssucht, etc. - darum muß dies alles unnatürlicher Zwang genannt werden. Allgemein ausgedrückt: Wenn starke Triebe frustriert und bestraft werden, wenn ein Kind anfängt, sich selbst zu unterdrücken, dann identifiziert es sich mit seinen Unterdrückern, um das Vakuum seines Lebens auszufüllen: die Unterdrücker erscheinen als vernünftig, als Autoritäten. Das Kind hat nun beides verloren, seine eigenen Wünsche und seine Kraft zur Selbstbestimmung.

Die lange Abhängigkeit des Menschen ist einzigartig in der Natur. Sie ist eine große Chance der Erziehung, aber sie hat sich auch als große Katastrophe herausgestellt. Für ein Kind scheint mir im allgemeinen nicht die Gefahr zu bestehen, sein Ich nicht herauszubilden (ein Fall von Psychose), sondern es zu schnell zu einem gegen die innere und äußere Welt, aus der wir letzlich unsere Kräfte des Lebens ziehen müssen, abgeschlossenen System zu entwickeln. Die ist besonders auffällig bei sexuellen Energien, gegen die das Ich sich selbst setzt und dadurch erotisiert wird - denn wenn man niemanden anderen lieben kann, muß man sich selbst lieben. Aber nicht genug wurde gesagt über die unheimliche Unwissenheit, Dummheit, Gleichgültigkeit, über das fehlende Einfühlungsvermögen und die fehlende Beobachtungsgabe, die uns charakterisieren, und die auch der Hemmung durch ein zu enges, in sich gekehrtes und selbstgefälliges Ich zugeschrieben werden müssen. So sind wir der Psychose, unser Ich nicht herausgebildet zu haben, entgangen und in die entgegensetzte Katastrophe geraten, daß nämlich die Erwachsenen niemals gelernt haben, Herr ihrer Umwelt zu werden. Sie sind abhängig von Regierungen.

Erziehung ist die Ausstattung mit nachvollziehbaren Beispielen von Interpretationen und Verhaltensmustern durch Erwachsene. Das Ziel ist nicht die Dressur des Kindes, sondern im Gegenteil: das Kind soll durch Vertrauen auf die Beispiele und ihre Erprobung Zeit gewinnen, um nicht zu schnell auf das eigene Urteil angewiesen zu sein. Erwachsene bestimmen und entscheiden dort, wo Kinder noch nicht bestimmen und entscheiden können. Das ist Zwang, teilweise körperlicher, der das Kind auf den Weg der Erfahrung setzt und von Autos und Giften fernhält. Wir können natürlichen Zwang als eine bewußte Entscheidung definieren, die dem Kind die größte innere und äußere

Kraft bewahrt, um Erfahrung und Kunst zu ermöglichen.

Aber ich denke nicht, daß es irgendeinen Sinn hat, sich einer Regierung zu fügen, da sie nicht viel zu lehren hat. Von den einfachen Gütern -Nahrung, Wohnung, Sicherheit -, über die große Körperschaften wie Regierungen und Wirtschaftsordnungen verfügen wollen, gibt es kein einziges, für das ein durchschnittlicher, erwachsener Mensch nicht kompetent zur Entscheidung sein sollte. Jeder weiß, er ist hungrig und will essen, oder er weiß genug, um aus dem Regen heimzukommen. Wenn er sich nicht bis zu diesem Punkt entwickelt hat, kommt es daher, daß er durch unnatürlichen Zwang verstümmelt wurde. Aber es ist die Art der Autorität, Initiativen zu verstümmeln und damit zu „beweisen", daß die Leute keine Initiative haben; und die Mittel der Lebensführung mit Beschlag zu belegen und dann zu zeigen, daß die Leute keine Mittel haben, ihre eigenen Herren zu sein. Es gibt viel Rhetorik und den Einsatz von Gewalt, um die Leute zu überzeugen, so fortzufahren, wie wir es tun; aber es gibt absolut keine öffentliche Diskussion und Überlegung, zu prüfen, ob die Weise, in der wir alles tun - Güter produzieren, Schulen führen, Ideen vermitteln, Beamte wählen -, die ergiebigste und vernünftigste ist. Und das soll nun der „homo faber" (experimenting animal) sein!

Zur Zeit betrachtet sich natürlich fast jeder Mensch als inkompetent, die einfachsten Güter zu beschaffen. Der Staat und andere etablierte Institutionen entscheiden für ihn. Die Leute sind abgestumpft, weil sie nur so wenig interessante Probleme zu bearbeiten haben; und schließlich können sie nicht einmal mehr entscheiden, ob sie kalt, verwundet, einsam oder auch nur gelangweilt sind. Nichts ist ihnen mehr sicher. Sie sind in einem chronischen Alarmzustand. Unter diesen Umständen präsentieren sich politische Redner einfach als „Väter" oder Führer. Und dies wird fortschrittlich genannt, es ist ein New Deal*. Die „Konservativen", auf der anderen Seite, wollen bei der Unterdrückung von 1910 oder sogar von Fürst Metternich bleiben. Nur die Anarchisten sind wirkliche Konservative, weil sie die Sonne und den Raum, die sinnliche Natur, die ursprüngliche Gemeinschaft und das gesellschaftliche Experiment erhalten wollen.

* New Deal, von Präsident Franklin Roosevelt eingeführte Politik sozialer Reformen, die den Staatseinfluß auf die Wirtschaft verstärkte (Mitte der 3oer Jahre). - Anm. d. Übers.

IV.

Der Mensch ist abhängig von seiner Mutter Erde. [1962:] Wir sind immer vom Universum abhängig, aber nicht auf Fürsten angewiesen. [:1962]

Es ist falsch zu sagen, soziale Beziehungen seien primär „Zwischenmenschlich". Die stärksten Bande in natürlichen Gruppen stehen im Zusammenhang mit Leidenschaften und Impulsen, die der Organisation der Individuen vorausgehen: Liebe und Freundschaft. Wie groß ist doch der Unterschied zwischen der juristischen Gleichheit, die die Sozialpsychologen den „zwischenmenschlichen Beziehungen" unterstellen, von der kreativen Solidarität und Rivalität in revolutionärer Brüderlichkeit! Freunde leben, um sich als Individuen hervorzutun, aber untereinander feuerfangend erreichen sie zusammen, was keiner von ihnen alleine hätte tun können.

[1962:] Es ist nicht unsere soziale Natur, alleine zu arbeiten. Daraus folgt nicht, daß man mit „der", Gesellschaft konform gehen muß. Es genügt, einen Bund von 200 Gleichgesinnten zu finden und zu schaffen, um zu wissen, daß man selbst gesund ist, auch wenn der Rest der Stadt verrückt ist. [:1962]

Ein freier Mensch [1945: der Anarchist] zeigt seine Natur viel vehementer als wir, die wir zur Uniformität dressiert worden sind. Vom Kinde bis zum Weisen drücken seine Stimme, seine Gesten und sein Mienenspiel eine große Erfahrungsvielfalt aus. Wenn er einen heuchlerichen Redner hört, der Worte gebraucht, die Ekel hervorrufen, kotzt er in die Menge.

Wir können uns einen Menschen vorstellen, dessen Ich viel länger braucht, sich herauszubilden, als unseres; dessen Ich sich immer weiterentwickelt aus den Zusammenhängen der inneren und äußeren Erfahrungen heraus und mit Kräften arbeitet, die weit über die hinausgehen, auf die wir uns eingespielt haben. Solch ein umfassendes Ich gehörte Christus oder Buddha; wir können vertrauensvoll voraussagen, daß es „Wunder" bewirken wird. [1962:] Für ihn sind es Tatsachen. [:1962]

In einer aus Natur und Zwang gemischten Gesellschaft ist unsere charakteristische Handlung, die Grenze zu ziehen, über die hinaus wir nicht kooperieren können. All unsere Höllenangst betrifft die Frage, wo diese Grenze zu ziehen sei. Ich sage es unverblümt: Die Angst übersteigt jedes vernünftige Maß. Da die extremen Positionen

„schwarz“ und „weiß“ offensichtlich sind, zum Leiden und zur Freude, und da gezeigt werden kann, daß jedem Schritt als nächster in die jeweilige Richtung folgt, ist in dem Grau dazwischen jede anscheinend willkürliche Grenze gut genug. Und die potentiellen Freunde im Volk, denen man ein Zeichen setzten möchte, werden durch die herausfordernde Aktion bewegt, nicht durch die Details der Folgerichtigkeit.

Keine bestimmte festgelegte Grenze wird logisch zu verteidigen sein. Aber der richtige Weg jeder Grenzziehung beweist sich selbst klarer auf Schritt und Tritt, Knall und Fall.

Dennoch scheint sich der ganze Konflikt darum zu drehen, wo jemand die Grenze zieht! Denn genau diese Details sind der subjektive symbolische Schlüssel zu den eigenen unterdrückten Kräften und dem Schuldgefühl, die Unterdrückung akzeptiert zu haben. So wird ein bestimmter Mensch im Gericht als Zeuge aussagen, nicht aber Steuern zahlen; ein anderer wird einen Protestbrief schreiben, nicht aber zu einer Demonstration gehen; wieder einen anderen ekelt es vor unschuldigem Brot und er fastet. Warum sind alle festgelegten Grenzen so überspannt und logisch nicht folgerichtig? Und warum wird mit solch irrationaler Engstirnigkeit an ihnen festgehalten - gerade von Menschen, die sonst liebenswürdig und freundlich sind? Die Aktionen der Natur sind in keiner Weise unzusammenhängend: sie sind Sequenzen von sehr einfachen Ursachen; den eigenen Möglichkeiten zu folgen, führt nicht ab vom rechten Weg, sondern läßt ihn klarer erkennen. Aber es ist so, daß jeder von uns unbewußte gezwungen wird, durch die Dressur einerseits und Hinnahme anderseits; die inneren Konflikte treten nun hervor als mangelnde Konsequenz in der Festlegung der Grenze der Kooperation: Furcht, Schuld und Wut. Laßt uns unsere Grenze ziehen und es durchstehen!

Ein wirklich freier Mensch hat solche Probleme nicht; er legt die Grenze schließlich gar nicht in ihren absurden Bedingungen fest, welche er von Anfang an verachtet hat. Er behandelt die Zwangsmaßnahmen ebenso wie zerstörerische Kräfte der unbelebten Natur; beidem ist umsichtig auszuweichen.

Ein freier Mensch kann, solange er kreativ ist und sich von klaren und eindeutigen n Ideen leiten läßt, leicht viele offene Widersprüche in seiner Seele aushalten: Es ist sicher, daß sie sich ausgleichen werden; ein offenes System ist das beste System. Aber wehe, wenn er zur selben Zeit einem Vorurteil erliegt und zur Konformität gezwungen wird. An diesem Tage wird er der Agonie erliegen, die Grenze der Kooperation festlegen zu müssen.

Es gibt einen Kinderwitz, den ich erzählen möchte. Tom sagt zu Jerry: „Du willst kämpfen? Dann komm über diese Grenze hier!“ und Jerry tut es. „Nun“, schreit Tom, „bist du auf meiner Seite!“

Wir legen die Grenze fest unter den Bedingungen der Herrschenden; wir schreiten fort unter unseren Bedingungen!

Ein Prüfstein für das anarchistische Programm

Das „politische“ Programm der Anarchisten ist gewöhnlich [1945: notwendigerweise] negativ, da positive Güter durch andere Kräfte als durch (zwanghafte) politische Institutionen erlangt werden. Aber ein Programm der Opposition verändert sich mit der Art der Unterdrückung und Beschränkung. Anarchisten dürfen nicht in die Falle laufen, Kräfte zu vergeuden beim Opponieren gegen Zwänge, die die Autorität nicht mehr auferlegt, während sie die neuen Ausbeutungsmethoden übersehen. Die Massenmedien in den Demokratien sind Meister darin, freiheitlichen Wind aus den Segeln zu nehmen; es gibt keine Worte und Taten, die dem Geschwätz der Medien, selbst wenn es gut gemeint ist, standhalten könnten. Die industrielle Autorität übt mit der Technologie des Überflusses andere Formen der Unterdrückung aus, als sie unter der Technologie des Mangels üblich waren. In der Zeit des Mangels bestand das Hauptmittel des Profits für die Ausbeuter in der Drückung des Lebensstandards der Arbeiter auf das Existenzminimum; in der des Überflusses besteht das Problem machmal mehr darin, einen künstlich „hohen“ Lebensstandard, der die Lager räumen soll, zu bewältigen und zu kontrollieren. Auch die Überflußtechnologie ist rein autoritärer Zwang, aber besonders mit psychologischen Mitteln ausgeübt: Werbung, Verziehung und Konsumterror. Im Ergebnis sind die Menschen, ohne es zu merken, mehr versklavt in ihrer Zeiteinteilung, ihrer Wahl, ihren Möglichkeiten zur Veränderung, ihrer Spontaneität und ihrer Kultur als in den dunklen Tagen des Mangels, als die Misere der Menschen unverblümt war und natürliche Reaktionen hervorrufen konnte. Ausgestattet mit einem

Überfluß an Waren und mit Massenmedien der Fehlinformation ist es für die Autorität möglich, alle Krisen zu polstern und die „Freiheit der Rede“ einer kleinen, exzentrischen Presse zu erlauben (oder sie sogar als ungefährliches Ventil zu ermutigen).

Ich möchte eine Art Prüfstein für die Richtigkeit des anarchistischen Programms in einer Zeit wie der jetztigen vorschlagen, in der die körperschaftliche Integration von Ökonomie, Moral, Geschmack und Information der Gesellschaft so stark ist; einer Zeit, in der die Presse, die Filme etc., selbst Waren, den ansteigenden Konsum von Waren anheizen. Der Prüfstein ist dieser: Bezieht unser Programm eine große Zahl genau der Worte und Taten ein, für die Menschen ins Gefängnis geworfen werden? Wir müssen auf Grundlage der Überzeugung weitermachen, daß die Zwangsgesellschaft sehr gut die Handlungen kennt, welche ihr gefährlich sind und welche nicht; Handlungen, die Zwangsmaßnahmen hervorrufen, haben anarchistische Kraft; solche, die früher bestraft wurden, heute aber toleriert werden, haben diese Kraft verloren; diese sind dann nicht etwa neutral, sondern haben zwanghafte Folgen. So wird jemand, der öffentlich über die Verhandlungsmacht der organisierten Arbeiter spricht, nicht mehr eingesperrt; im Gegenteil, er wird anerkannt. Aber er wird nicht deshalb anerkannt, weil die Organisationen der Arbeiter stark genug geworden wären, um ihre Duldung zu erzwingen (wenn dem so wäre, könnten sie viel mehr erzwingen). Vielmehr ist die Organisation der Arbeiter ein Mittel der sozialen Kontrolle geworden. Höhere Löhne sind ein Mittel des Profits - besonders dann, wenn durch Preisdiktat der öffentliche Markt ein einziges Warenhaus geworden ist; und es ist zunehmend bequem für die Gewerkschaften, sich selbst als einen Teilhaber an der allgemeinen Korporation von Produktion und Konsum zu sehen. Auf der anderen Seite wird jemand, der einen wilden Streik anzettelt, ins Gefängnis geworfen nicht nur deshalb, weil seine Forderungen gefährlich für die Profite sind, sondern weil er das geordnete System, den legalen Prozeß stört. Nochmals: Ein Mann, der solche moralischen Laster vertritt (für sie wirbt oder sie zur Schau stellt), die gut in das Warensystem passen, ist ein Agent der Gesellschaft; aber derjenige, der solche Genüsse befürwortet (praktiziert), die außerhalb des Systems des Warentausches liegen, oder die die soziale Disziplin untergraben, wird gemißbilligt und eingesperrt - so soll man nicht stehlen, im Park vögeln oder kindliche Sexualität ermutigen.

Betreffs der „Verbrechen“, die heute bestraft werden, muß ein freier Mensch [1945: der Anarchist] sich selbst fragen: Welche von ihnen sind jeder Gesellschaft entgegengesetzt, einschließlich einer natürlicheren, weniger zwanghaften Gesellschaft, in der es zwar auch Disziplin gibt, die aber hier nicht in (zweckrationaler) erfolgreicher Verdrängnis und offener Unterdrückung begründet ist? Welche „Verbrechen“ auf der anderen Seite sind genau die Handlungen, die die gegenwärtige Zwangsstruktur unterminieren? Ich denke, daß die Liste der ersten Kategorie sehr kurz wäre - ein offensichtlicher Fall ist Mord. [1962: (Laßt mich William Morris' „News From Nowhere“ empfehlen).] Aber mit Hinblick auf die zweite Kategorie könnten viele schöne Chancen für anarchistische Aktionen gefunden werden. Wozu ich dränge ist nicht, daß der Anarchist sich genötigt sieht, solche „Verbrechen“ zu begehen - (ich denke übrigens auch nicht, daß unsere kleine Zahl die Gefängnisse unbequem überfüllen würde) -; aber ich fordere dazu auf, daß der Anarchist seine „Disziplin“ und seine Vorurteile gegen solche Handlungen abbaut; da die meisten von uns sich nicht vergegenwärtigen wie stark und tief die Zwangsbeziehungen in die wir hineingeboren und in denen wir aufgezogen wurden, uns diszipliniert haben, werden eben diese Zwangsbeziehungen sonst fortgesetzt. Ist er aber zu seinem Urteil befreit, so muß der Anarchist mit Hinblick auf solche „Verbrechen“ so handeln, wie er in überhaupt jedem Fall handeln sollte: Wenn irgend etwas seiner Natur angemessen, wenn es im gegenwärtigen Augenblick wichtig und notwendig für ihn selbst und seine Genossen ist, laßt es ihn tun ohne Schuldgefühle und mit Vergnügen. Laßt ihn die Zwangsfolgen mit natürlicher Vorsicht umgehen, aber nicht durch Hemmung und furchtsame Absage an das, was Sache ist; denn unsere Handlungen der Freiheit sind unsere stärkste Propaganda. [1962:] Unglücklicherweise, wie die Leute so sind, ängstlich und empfindlich, mag die unmittelbare Folge von ausgeführter freier Kraft beunruhigend und manchmal katastrophal sein - z.B. das Schulmädchen, das sich umbringt, weil ihre Zimmergenossin mit ihrem Freund geschlafen hatte. Gewiß muß man den Sturm auf das geschorene Unschuldslamm zügeln, bis ihm das Fell nachwächst. Aber wir müssen auch die weitreichenden und universellen Folgen des Hasses, des Sadismus, der Gefühlskälte und der Furchtsamkeit bedenken, die durch unsere gegenwärtigen Verhaltensweisen produziert werden: wie der Junge, der immer „solch ein braver Junge“ war, explodiert und seine Mutter und seinen Vater und vier Nachbarn erschießt. [:1962]

Oft wird als ein Beispiel für die Barbarei in Amerika angeführt, daß hier kein Unterschied zwischen „politischen Gefangenen“ und „gemeinen Verbrechern“ gemacht wird, daß der politische Gefangene zum Kriminellen degradiert wird; aber in Wirklichkeit hat der „gemeine Kriminelle“ ein politisches Verbrechen begangen, obwohl gewöhnlich durch ein Versagen der Repression und selten mit Überlegungen begründet.

Um zum Ausgangspunkt zurückzukehren, nämlich zu der Notwendigkeit, das anarchistische Programm mit dem Wandel der Zwangsumstände zu verändern, möchte ich eine Kritik an dem fortgesetzten Gebrauch eines der Lieblingsworte der anarchistischen Literatur anbringen, eine Kritik des Wortes „individuell“ wie in „individueller“ Freiheit, „individuellem“ Ausdruck, ect. Tatsächlich ist es gegenwärtig das Ziel aller Agenturen der Propaganda, Unterhaltung und Erziehung, die „Individualität“ so zu formen, daß der Mensch seine persönliche Wahl genau so trifft, wie es objektiv der Zwangsvereinigung förderlich ist, von der er sich dann als Teil fühlt. Wegen ihres Gebrauches der Ausdrücke „freie Individualität“, „individuelle Spontanität“, „individuelle Mitwirkung“ hat das Gewäsch von Psychologen wie Fromm und Horney*,das Lob sogar eines hervorragenden Anarchisten wie Herbert Read erlangt. Aber es ist nicht schwer zu zeigen, daß diese Psychologie als Ziel die Uniformität des Geistes in der perfektionierten Form des gegenwärtigen Gesellschaftssystems hat - mit seinen Monsterfabriken, seinen Stromlinienbefriedigungen und seinen entfernten repräsentativen Regier- rungen. Diese Art Subjektivismus ist eine Folge des Zwanges, ist Handeln im Unbewußtsein; sie ist nicht ein ursächliches Prinzip der Freiheit. Auf Rousseau zurückgehend laßt mich vorschlagen, das Wort „Individualität“ durch

* Diese Aussage bezieht sich auf E. Fromm, Escape from Freedom, und K. Horney, New Ways in Psychoanalysis, die Goodman 1945 in dem Aufsatz „The Political Meaning Of Some Recent Revisions Of Freud“ scharf attackierte (neu abgedruckt in: Paul Goodman, Nature Heals, hg. v. T. Stoehr, New York, 1977, S. 42 ff), während er W. Reich verteidigte. - Goodmans Kritik richtete sich hauptsächlich gegen Fromms/Horneys Konzept von „rationaler Herrschaft“, die angeblich nicht in Widerspruch zu „individueller Freiheit“ stehe - die Rationalität der Herrschaft ist aber bei Fromm/Horney das gegenwärtige Geflecht industrieller und gesellschaftlicher Institutionen. - Anm. d. Übers.

„Natur" zu ersetzen. Natur meint solche Triebe und Kräfte, sowohl auf der tierischen als der menschlichen Ebene, die sich gegenwärtig ausdrücken trotz solcher Konventionen, die wir und unsere Freunde alle übereinstimmend als veraltet und nicht mehr „natürlich" bezeichnen; diese Triebe und Kräfte werden in einer freien Gesellschaft die Motoren der persönlichen Eigenart und gegenseitigen Hilfe sein.

Um zusammenzufassen: Sehr viele Handlungen, die heute Verbrechen genannt werden, sind natürlich. Es ist oft nur die Behandlung natürlicher Ver-haltensweisen als Verbrechen, die sie zu Ungeheuerlichkeiten werden lassen und zwar durch die Furcht und die Dummheit, die aus der Panik folgen. Sogar Anarchisten fügen sich diesen Vorurteilen, da ihre „freie Individualität" zwanghaft geformt wurde und Opfer des unbewußten Zwangs ist. Die verinnerlichte Repression der spontanen natürlichen Kräfte ist heute in der Ära des Stresses und der standardisierten Vergnügen stärker denn je das Hauptmittel der Verdummung und des Zwanges. Laßt uns daran arbeiten, nicht unser sogenanntes „Selbst" auszudrücken, sondern die Natur in uns. Laßt uns nicht teilnehmen an zwanghaften oder auch nur konventionellen Gruppenveranstaltungen, ablenkenden Verhaltensweisen. Die Freiheit des Einzelnen ist der Ausdruck seines natürlichen Wesens und der sozialen Gruppen, denen der tatsächlich angehört. Überprüfe die „Verbrechen", die dir selbst nicht als solche erscheinen und stelle fest, welche wirklich nicht Verbrechen, sondern natürliches Verhalten in natürlichen Gruppen sind.

[1962:] Eine junge Freundin mußte vor Gericht erscheinen, um das Pflegerecht für ihr Kind zu bekommen; ein Dutzend von uns bot sich ihrem Anwalt an, um als Bürgen ihrer Untadeligkeit eingewiesen zu werden. Wir waren unserer Meinung nach nüchterne und brauchbare Bürger; aber als der Anwalt uns befragte, wurde sein Gesicht lang und länger; denn er mußte einen nach dem anderen als völlig unpräsentierbar hinausschicken. Eine vorzügliche Mutter dreier Kinder war nicht rechtmäßig verheiratet; ein guter Vater war als bisexuell bekannt; eine alte Freundin war - Negerin; ein brillianter und sich selbst versorgender Mann hatte keinen definierbaren Beruf; ein anderer sah aus wie ein geprügelter Hund; ein weiterer war ein paar Mal im Gefängnis gewesen für verschiedene Arten zivilen Ungehorsams. Es war lustig - wir schauten uns betrübt an. Das war gewiß kein Platz für uns. Aber die Frage ist: Wie können lebendige und produktive Menschen in so einem Gericht erscheinen, ohne eine falsche Front gegen den cleveren Anwalt aufzubauen, der doch eigentlich ihre Sache vertreten will? Ich meine nicht, daß „die“ Gesellschaft im ganzen so versteinertwie ein Gerichtshof ist, aber es zahlt sich aus, sich nicht zu mucksen. Aber wenn man sich nicht muckst, wie kann man die gesellschaftlichen Möglichkeiten benutzen und eine wirkungsvolle Rede halten? Das ist das Dilemma. [:1962]

Natürliche Gewalt

Ich bin jetzt in mittlerem Alter und ich war nicht dabei, habe nicht einmal gesehen, wie ein Mensch stirbt oder ein Kind geboren wird. Wie die Dinge in unserer Stadt geregelt sind, ist es auch unmöglich, einem an einer schmerzhaften oder ekelerregenden Krankheit Leidenden nahezukommen, es sei denn aus beruflichen Gründen. Was man in unserer Stadt antrifft, ist eine Art jugendlich aufgeputzter Gesundheit und Stärke, gewöhnlich zwar etwas kränklich, aber gerade ausreichend zur selbständigen Fortbewegung. Gebrechliche werden isoliert. Man sieht sich oft Neurotikern, aber nur selten Geisteskranken gegenüber. In ländlichen Gegenden gibt es noch öffentliches Sterben und Gebären, bei Tier und Mensch, aber die Tendenz ist wie bei uns. Nochmals, die Bourgeoisie (und meine eigene Klasse, die Lumpenbourgeoisie) ist mehr vor solchen Erfahrungen geschützt als das Proletariat, aber die Entwicklung läuft auf eine Ausweitung dieses „Schutzes" auf alle hinaus. Im Allgemeinen sind Frauen notwendigerweise gegen Kindergebären ungeschützt, aber es ist Praxis, diese Erfahrung so weit wie möglich zu reduzieren.

Die Menschen schneiden sich selbst von den wichtigsten Bedingungen des Lebens ab. Ich sage nicht, von den wichtigsten Angelegenheiten. Aber der Wert unserer Angelegenheiten ist problematisch, wenn diese in unserer Einrichtung und Vorwegnahme nicht in Beziehung zu ihren wichtigsten Bedingungen gesetzt wird. Kleinkinder und Kinder scheinen im ganzen weniger „geschützt" zu sein; sie haben eine engere Beziehung zu ihrer Angst der Kreatur.* Wir anderen verdrängen erfolgreich die Erinnerung an die Angst der

* Deutsch im Original. - Anm. d. Übers.

Kreatur.

(Naturvölker versuchen sie zu unterdrücken, aber sie haben nicht die Mittel dazu. Theoretisch müßte also ihre Kunst ausdrucksvoller sein als unsere, aber es wären auch ihre Neurosen stärker, wenn sie nicht sehr glückliche gesellschaftliche Einrichtungen haben. So sind sie lebendiger und zugleich verrückter als wir.)

Die Ereignisse des Krieges beleben die verlorene Angst in einer schrecklichen Weise, aber sie sind wertlos für eine natürliche Kultur. Sie sind der Zusammenbruch „der" Gesellschaft, aber der die Kriegsgreuel Erleidende hat dann keine anderen Gefühle und Gewohnheiten, die ihm helfen, diese schrecklichen Wahrheiten kreativ zur Erneuerung des Lebens zu benutzen. Die geistig gebrochenen Soldaten, die von der Front zurückkommen, erneuern zwar die unnatürlichen Konventionen nicht, aber sie schaffen auch nur selten natürliche Konventionen - (Marotten sind keine wertvollen gesellschaftlichen Konventionen) -, da sie oft wirklich krank sind, so wie sie in der Augen der Gesellschaft auch erscheinen.

Ein Beispiel kindlicher Erfindungsgabe kommt mir in den Sinn: Eines Morgens schlachteten einige Männer in unserer Landschule eine Kuh, hängten sie auf und zogen ihr die Haut ab. Es war die Mittagspause für die kleinsten Schüler; sie rannten dorthin, standen in einem Kreis um das blutige Schauspiel und nahmen es mit gierigen Augen auf. Sie zeigten danach große Furcht, Erregung und Widerwillen, als ihnen Fleisch serviert wurde. Aber sie erfanden ein rituelles Spiel, eine Kuh zu enthäuten, in dem einer von ihnen sich in einen Mantel hüllte und die anderen ihn herunterrissen. [1945:] (Natürlich war ihre Furcht und ihr Ekel während des Schlachtvorganges schon das Resultat von voraufgegangenem unnatürlichem Zwang.) [:1945]

[1962:] Können wir uns eine Gesellschaft vorstellen, die einen besseren Ausdruck ihrer wichtigsten Bedingungen hat als rituelle Spiele? [:1962] [1945: Eine vernünftige Gesellschaft sollte einen besseren Ausdruck ihrer wichtigsten Bedingungen haben als rituelle Spiele.]

Ich selbst bin so diszipliniert, daß ich nicht spontan und von meiner eigenen Erfahrung ausgehend einen Ausweg aus diesem Dilemma sehen kann, obgleich es ein entscheidendes Problem für uns darstellt. [1945: Anarchisten.] Vergleicht die rationale medizinische Einstellung zu Geburt, Krankheit, Altersschwäche und Tod mit der Rationalisierung der industriellen Produktion! Immer wenn die sogenannte Rationalität der Produktion zu verdummender und einseitiger Lebensweise der Arbeiter führt, sagen wir mit fester Überzeugung, daß die Rationalität auf lange Sicht ineffiziert ist, weil die Mittel das Ziel zerstören. Aber medizinische Rationalität - z.B. Krankenhaustechnik oder Therapie - scheint beim ersten Hinschauen nützlich für unser Überleben, darum auch für unser erfülltes Leben. Auf der anderen Seite führt die notwendige Isolation der Kranken zu einer Sterilisierung der allgemeinen gesellschaftlichen Erfahrung. Das aber macht das Leben selbst flach und verstärkt die Flucht in die Krankheit. [1962:] Es war besser, als Krankheit gespenstisch war, Domäne der Heilgötter. [:1962]

Die Ärzte machen uns verblüfft und traurig durch ihr Spektakel mit dem sie die Soldaten heilen, die in der Schlacht, an der sie selbst teilgenommen haben, verwundet wurden: sie müssen die Wunden auf beiden Seiten heilen wollen zur gleichen Zeit, zu der sie der Raserei der einen Seiten angehören. [1962:] Das ist eine heroische Aufgabe, aber es liegt doch etwas Unnatürliches darin. Medizinische Ausbildung und Praxis haben den Sinn des ärztlichen Handelns von seinen kollektiven Bedeutungen getrennt. [:1962] [1945:] Was um alles in der Welt ist die Psychologie einer solchen geteilten Loyalität? Müssen wir daraus nicht schließen, daß die gegenwärtige medizinische Ausbildung und Praxis die Bedeutung von Geburt und Tod von den übrigen Lebensbedeutungen trennt? Und wir haben überall Beweise, daß die Trennung von Dingen, die eine natürliche Beziehung zueinander haben, ein Zeichen des Zwanges ist. [:1945]

Gewiß, wir anderen, die wir unwissend sind in den einfachsten Tatsachen der Geburt, des Lebens und des Todes, werden durch deren Bedrohlichkeit [1945: durch die Angst, sie ins Spiel zu bringen] [1962:] - wir geraten in Panik und werden anfällig für Terror - [:1962] unterdrückt bis zu dem Moment, in dem wir fahrlässig in die Katastrophe unseres eigenen Tuns stolpern, eine Katastrophe, die über das hinausgeht, was notwendig wäre. [1962:] So „kontrollieren" wir die Bedrohung und „vermeiden" die Panik. [:1962]

So befremdlich der Ausdruck auch klingen mag, so müssen wir doch von „natürlicher Gewalt" sprechen - gerade so wie wir vorher „natürlichen" Zwang definierten -, obwohl alle Gewalt natürliche Bewegungen zerstört, unterdrückt oder einengt. Natürliche Gewalt ist die Zerstörung von Gewohnheiten oder „zweiten" Naturen im Interesse der Rückgewinnung der elementaren Erfahrungen von Geburt, kindlicher Angst, Leiden und Trauer um Tod, einfacher Sexualität, usw. [1962:] Ich glaube, dies ist die Qualität der „Grenzsituationen" bei den Existenzialisten. [:1962] Solche natürliche Gewalt kann in vielen alltäglichen Handlungen nachgewiesen werden. Ein offensichtliches Beispiel ist die Gewalt, die einem jungfräulichen oder sexuell furchtsamen Menschen, der bedingt durch seinen Charakter das eigene Vergnügen nicht wollen kann, gesucht und die ihm zugeführt wird. Die helfende Hand ist sanft aber fest. Zivilisierte Leute sehnen sich tiefer als ihre Furcht reicht nach Naturkatastrophen wie Feuerbrünste und Hurricanes, die ihnen ihren Besitz nehmen und die Routine vollständig durchbrechen.

[1962:] Die „Gewaltlosigkeit" der dogmatischen Pazifisten ist unnatürlich und sogar irgendwie bösartig, obwohl sie, wie Gandhi meinte, eine positive Ausgeburt sei der Liebe, die den Zorn wegbrennt, und auch des Verstehends das erleuchtet. Für mich ist das, was im allgemeinen als „Gewaltlosigkeit" gilt, boshafter Vorwand für eine Verschärfung der Schuldgefühle. Zorn ist schließlich verbindend; und es scheint falsch, Zorn zu unterdrücken. Es ist interessant zu sehen, wie gewöhnlich der eine Schlag oder Schlagabtausch unter vernünftigen Menschen der letzte ist, da er die Kommunikation wiederhergestellt hat. [:1962]

Aber die Menschen stolpern unbekümmert in den Krieg, [1962:] wo es keine Möglichkeit zur Kommunikation und kein Ende gibt [:1962]. Sie verlassen sich auf die Massenhypnose und auf die gesellschaftliche Billigung ihrer Illusion; so fahren sie fort, sich mit gutem Gewissen zu schlagen. Wir müssen glauben, daß sie nicht von ihrem Tod träumen - eine psychologische Unmöglichkeit -, wohl aber davon, daß ihr verhärtetes Ich der Gefahr ausgesetzt und dadurch erneut den Instikten geöffnet wird. Aber der Krieg zerstört nicht nur ihre Konventionen, sondern ihr Leben überhaupt. Und auf die, die überleben, warten keine neuen natürlichen Verhaltensweisen, sondern gesellschaftliche Isolation und Nervenzusammenbruch. Für die Gesellschaft als Ganzes befreit der Krieg nicht natürliche Beziehungen und soziale Kreativität, sondern er erneuert im Gegenteil, das zwanghafte und autoritäre Establishment. Krieg ist unnatürliche Gewalt.

Die Menschen im Mittelalter lebten, wie Huizinga sagte, in einem Gemisch aus natürlicher und unnatürlicher Gewalt. Bis in unsere Zeit hat die natürliche Gewalt immer mehr abgenommen. Die unnatürliche Gewalt aber staute sich auf, bis sie ausbrach wie in einer großen gemeinsamen Veranstaltung, den Weltkriegen.

Im Naturzustand kommt keine positive Folge von einer negativen Ursache. Zwar macht der freie Mensch das Schiff immer klar zum Gefecht, aber er übt politischen Druck nur in der Negation aus. Das ist natürliche Gewalt. Wenn er „gewaltlosen" passiven Widerstand anwendet, so tut er das, um eine ohnehin überladene Situation nicht noch weiter durch militärische Waffen und autoritäre Organisationen zu verschärfen. Er schafft ein Vakuum in unserem erlernten Wahnsinn, so daß unsere ursprünglichen Kräfte zu unserem Vorteil arbeiten können.

Widerstand - Geduld - Standhaftigkeit - Pflicht: dies sind nicht negative oder auch nur passive Tugenden, und sie beschränken die Kraft nicht; sie sind Aktionen der elementaren Kräfte der ursprünglichen Natur, und sie passen sich der Zeit und dem Ort des Handelnden an.

Der Anarchist strebt offen danach, ein politisches Vakuum zu schaffen; aber es ist das fruchtbare Vakuum des Tao, wo schwere Massen durch ihr eigenes Gewicht stürzen und unsichtbare Keime keimen. Er spricht ein Wort, das heilt, während es verletzt.

Revolution, Sociolatrie, Krieg

Der marxistische Irrtum über die Dynamik der Revolution

Nach Marx und Engels entspringt der Antrieb zur sozialistischen Volksrevolution der Dialektik zweier psychischer Konstellationen: (a) der geistigen Entfremdung des Proletariats von den ursprünglichen Angelegenheiten des Menschen, von der Produktion und von der natürlichen gesellschaftlichen Kooperation durch die extreme Arbeitsteilung und die kapitalistischen Produktionsverhältnisse; (b) der brutalen und unerträglichen Verelendung, verursacht durch den tendenziellen Fall der Profitrate und die kapitalistischen Krisen.

Ich möchte diese Punkte etwas erläutern:

(a) Für Marx und Engels ist das spezifische Merkmal des Menschen die Fähigkeit, Dinge zu produzieren und gegenseitige Hilfe in der Produktion zu geben. Aber die Arbeitsteilung und der kapitalistische Gebrauch der Technologie enthumanisiert die Produktion: der Einzelne macht nur noch einen Teil der Ware, die auf einem entfernten Markt verkauft wird, und verwirklicht, da er lediglich einen automatischen Handgriff tut, nur einen geringen Teil seiner menschlichen Möglichkeiten. Ferner isolieren die Bedingungen der bourgeoisen Konkurrenz und Lohnsklaverei die Menschen voneinander und zerstören Gegenseitigkeit, Familienleben, Freundschaft. Es gibt daher nichts in den kapitalistischen Institutionen, was dem Proletariat Interesse oder Loyalität abverlangen kann. Die Proletarier sind zu einer entfremdeten Masse gemacht worden, und diese selbstentfremdeten Menschen sind gleichgültig gegenüber der bürgerlichen

Moral und Gesellschaft.

(b) Auf der anderen Seite sind die Proletarier nicht gleichgültig gegenüber Elend, Krankheit, sexueller Entsagung, Kindersterblichkeit und Tod im Krieg. Aber dies alles ist die Folge von Lohnkürzungen, Imperialismus, Arbeitslosigkeit. Diese Krisen wiederum entspringen dem Zwang der Bourgeoisie, dem Fall der Profirate entgegenzuwirken, um neu investieren zu können. Auf der Stufe von Unzufriedenheit, Frustration und spontaner Reaktion gibt es ein Interesse für gewaltsame Änderung, gibt es latente Rebellion.

Aus diesen Konstellationen entwickelt sich die revolutionäre Idee: Gedrängt von der Notwendigkeit, die eigene Sicherheit zu erlangen, wendet sich das Proletariat neuen Grundlagen zu. Diese Wendung erfolgt mit einem Wissen, das von Lehrern vermittelt wird, die gewöhnlich aus der Mittelschicht stammen und die die Ursachen der Leiden zu erklären vermögen. Solches Wissen verbindet sich mit der ursprünglichen menschlichen Inspiration der Proletarier, die vom Vergessen zurückgerufen wird und schon etwas durch gegenwärtige Solidarität verwirklicht ist. Daraus ergibt sich eine neue Ordnung, ein Sozialismus, der zwar eine ungeheuere Erneuerung darstellt, aber in seinen wichtigsten Merkmalen der ursprünglichen menschlichen Natur ähnelt. Im Kontrast zu dieser Idee scheint das Leben der Bourgeoisie sinnlos. Deshalb weiß das Proletariat, das ständig an Zahl zunimmt und seine Hände an den Produktivkräften der ganzen Gesellschaft hat, daß es die Idee zur Realität machen kann.

Psychologisch - und sogar anthropologisch und ethisch - hat diese marxistische Formel große Kraft; allerdings nur, wenn alle Elemente so bestehen, wie sie beschrieben wurden. Aber auf der anderen Seite, wenn eins der Elemente fehlt, ist die Formel katastrophal und führt vom genossenschaftlichen Sozialismus so weit weg wie nur irgendetwas. Nun gibt es keinen Zweifel, daß die Voraussetzungen für Punkt (b) fehlen: Im großen und ganzen sind im letzten Jahrhundert in den fortgeschrittenen Industrieländern die Reallöhne der Arbeiterklasse nicht auf der Grenze des physischen Existenzminimums verblieben. Sie haben sich bis zu einer Höhe entwickelt, wo sogar revolutionäre Agitatoren für ein „soziales oder kulturelles Existenzminimum" eintreten. (Die Gründe sind das erstaunliche Anwachsen der Produktivität, die Fülle technischer Neuerungen, die Notwendigkeit von Inlandsmärkten, schließlich so große Profitmöglichkeiten, daß die

Profitrate selbst ihre überlegene Wichtigkeit verlor.)

Was ist das Ergebnis?

Die geistige Entfremdung, die in Punkt (a) angesprochen wurde, ist noch weiter gegangen, als Marx vorausgesehen hat. Er folgte der Enthumanisierung der Produktion bis zur letzten Reduktion der Arbeit auf automatische Handgriffe, aber ich zweifle, ob er (wenn er bei Sinnen war) voraussehen konnte, daß tausende Erwachsene Tag um Tag arbeiten und nicht wissen, was sie tun. Er sah nicht vorher die Entmenschlichung des Konsums zu einerm universellen häuslichen Gebrauch von stromlinienförmiger Bequemlichkeit, deren technologische Voraussetzungen der Konsument nicht begreift. Er sah nicht vorher die Zerstörung der Wahl auf dem „freien" Markt durch Massenwerbung und Monopolkontrolle; auch nicht die Aufteilung aller ursprünglichen Erfahrung von Geburt, Leid, Tod, etc. unter den Experten in Krankenhäusern.

Aber heute werden die ihrer Natur entfremdeten Menschen nicht durch unerträgliche Ausbeutung dazu gebracht, auf sich selber achtzugeben. Im Gegenteil, sie werden durch Konsumterror dazu gebracht, eine künstliche Befriedigung in ihrem „Lebensstandard" zu finden; und das psychologische Bedürfnis, das sie bewegt ist - Konkurrenz! Die Forderung, das Proletariat für ausreichenden Lohn und annehmbare Arbeitsbedingungen zu organisieren, war im Anfang politisch notwendig und revolutionär in ihrer Konsequenz. Heute ist es eine Forderung nach Lebensstandard und nach Freizeit, um sich der Waren zu erfreuen, während gleichzeitig die Moral der herrschenden Klasse akzeptiert wird. (Was sollten wir Positives über „Freizeit" sagen für ein Tier, dessen spezifische Eigenart es ist, zu produzieren?) Dann: Wenn diese Leute zu den Idealen einer anderen Klasse übergegangen sind, ist es dumm, sie weiter „Proletarier" zu nenn („Produzenten von Nachwuchs" wie Marx die Arbeiter nobel und bitter charakterisierte); und bei der offen akzeptierten Entfremdung von der Organisation der Produktion - und wo sehen wir etwas anderes? - ist es sogar ungerecht, sie Arbeiter zu nennen.

Marx sah sehr genau die Leere des Lebens im modernen System; aber er unterließ die Warnung vor einer so weitgehenden Leere, die den Menschen befriedigt, daß er den Verrat an seiner ursprünglichen Natur nicht mehr wahrnimmt. Das, worauf er als Antrieb der Revolution baute, ist zum Grund des Verrates geworden.

Schließlich, die wissenschaftlichen Lehrer der Massen sind nicht länger damit beschäftigt, uns unsere ursprünglich schöpferische Natur ins Gedächtnis zu rufen, die inhumane Arbeitsteilung zu bekämpfen, nach Bündnisgenossen zur Anstiftung direkter Aktionen zu suchen. Im Gegenteil ist ihr Interesse das Wohl und der reibungslose Ablauf der industriellen Maschinerie selbst geworden: sie sind Ökonomen der Vollbeschäftigung, Soziologen des Dazugehörens, Psychologen der Berufsberatung und Politiker der Bürokratie.

Soweit die Psychologie der Massen. Aber in der Psychologie der Bourgeoisie gibt es eine ähnliche Differenz zu dem, was Marx vorhersagte. Der Marx'sche Bourgeois hat folgende Charakteristika: Beschäftigt mit Börsenspekulation, mit Geld, das nichtssagend ist, ist er von allen natürlichen, persönlichen und sozialen Interessen entfremdet; dies macht seine ruchlose Karriere von Akkumulation, Investition, Ausbeutung und Krieg um so einfacher. Auf der anderen Seite verkörpert er zügelloses Streben nach Reichtum und Macht, ebenso wirklich wie fiktiv. Die Bedingungen seiner Rolle sind von ganzem Herzen; er ist ein Individuum, wenn auch kein ganzer Mensch. Der Antrieb der fallenden Profitrate oder der geschlossenen Märkte führt ihn darum zu verzweifelten Abenteuern.

Ich glaube nicht, daß dieser Typus im großen und ganzen heute noch repräsentativ ist. Zum Teil kommt das sicherlich daher, weil die besitzende Klasse demokratische Maskierung zu ihrem Schutz angenommen hat; aber die Tatsache, daß sie willig ist, dies zu tun, zeigt, daß sie tatsächlich aus anderen als den beschriebenen Leuten besteht. Weitere Faktoren scheinen mir zu sein: Das Verlangen nach größtmöglicher Ausbeutung von Mensch und Maschine wird entschärft, wenn der Eigentümer nicht in der Fabrik anwesend ist; denn er hat dann nicht die Inspiration seiner täglichen Aufsicht, er spricht nicht mit Erfindern, Vorarbeitern, etc., und der bezahlte Manager ist gewöhnlich mehr mit Stabilität als mit Veränderungen beschäftigt. Aber selbst wenn ein einzelner Kapitalist das Verlangen hat, die Ausbeutung zu verschärfen, wird er durch die korporative Struktur entmutigt, in der die meisten Unternehmen heute eingebettet sind; er wird blamiert durch vorsichtige oder ängstliche Teilhaber. (Staatliche Regelung ist das letzte Stadium dieser koporativen Zurückhaltung). Nicht zuletzt scheint es jetzt, daß es auch in Friedenszeiten eine Grenze für den Fall der Profitrate gibt; technische Erneuerungen alleine garantieren ein jährliches Wachstum von 2%; durch öffentliche Verschuldung kann der Staat eine niedrige aber stabile Profitrate auf alle Investitionen subventionieren; außerdem gibt es offensichtlich keine Grenze für den Unsinn von dem den Leuten nicht eingeredet werden könnte, sie wollten ihn auf Raten kaufen und dafür ihre zukünftige Arbeit verpfänden. Und in der Tat sehen wir zu unserem Erstaunen, daß ein großer Teil der Bourgeoisie, fast ihre Mehrheit, heute schon bereit ist, sich auf Pläne zu einigen, die einen niedrigen, womöglich hohen, auf jeden Fall aber einen stabilen Profit garantieren. Sollen wir sie weiter Bourgeoisie nennen? Sie sind Rentiers.

Der antreibende Wolf, auf der anderen Seite, ist nicht länger ein privater Unternehmer, sondern ist vielmehr der Manager und Verwalter der industriellen Maschinerie als Ganzes: es ist die Regierung. Sie zeigt ihre Zähne im Ausland.

Sociolatrie

Mit den Ergebnissen, die wir bisher erreicht haben, können wir eine formale Definition des Massenbewußtseins versuchen, das wir Sociolatrie (nach Auguste Comte) nennen.

Sociolatrie ist das Bewußtsein der ihrer Natur entfremdeten Massen, das gerichtet ist auf das reibungslose Funktionieren der industriellen Maschinerie, von der die Massen glauben, sie könnten von ihr einen höheren Lebensstandard bekommen und die Sicherheit, ihn zu genießen. Die revolutionäre Spannung des Volkes wird dadurch absorbiert und schließlich ersetzt durch das Interesse am „Lebensstandard". Aber dieser Standard ist nicht das physische Existenzminimum (was potentiell revolutionär sein könnte), auch nicht prinzipiell ökonomisch, ein Standard von Komfort und Luxus (was die Maschine verlangsamen würde durch Hervorrufung von Faulheit, Dilettantismus und Exzentritität); es ist ein spezialtechnologischer Standard, angeheizt von Konkurrenz und Werbung, die ein Gefühl der Einigkeit unter den Entfremdeten zementieren. Es werden allen Menschen nicht die gleiche Menschlichkeit, wohl aber die gleichen Waren zugestanden. Diese entfremdete Regelung der Angelegenheiten kann, abgesehen vom Kriegsfall, eine lange Dauer haben. Ich sage „abgesehen vom Kriegsfall" - aber wir müssen weiter unten untersuchen, ob der Krieg nicht wesentlich zur Sociolatrie gehört.

Auf der Seite der politischen Elite: Sociolatrie ist das Einverständnis der Mehrheit der Bourgeoisie damit, Rentiers der industriellen Korporation zu werden, in deren Arbeit sie nicht eingreift; und die Einweisung der dynamischeren Teile der Bourgeoisie in hochbezahlte, prestigerechte und mächtige Plätze der Kontrolle über die Maschinerie: Sociolatrie ist darum die Psychologie des Staatskapitalismus und des Staatssozialismus.

Wie muß das revolutionäre Programm aussehen?

Noch immer unter Ausschluß des Kriegsfalls müssen wir nun fragen: Was ist ein revolutionäres Programm in der Socioltarie? (Mit „revolutionär“ beziehe ich mich auf das Erbe von Rousseau und der Französischen Revolution; die Überzeugung, daß der Mensch frei geboren, aber in institutionelle Ketten gefesselt sei; daß Brüderlichkeit die tiefste politische Kraft und Quelle der gesellschaftlichen Erneuerung sei, und daß Sozialismus die Abwesenheit des Staates und anderer Zwangsgewalten bedeute.)

Denn wenn mit der ständigen Steigerung der technischen Produktivität die Bereitschaft der Massen zur Sociolatrie und der Bourgeoisie zur Hinnahme einer niedrigen aber stabilen Profitrate erzeugt wurde, dann ist das marxistische Programm nicht nur bankrott, sondern auch reaktionär. Die marxistischen ökonomischen Forderungen (nach mehr Lohn und besseren Arbeitsbedingungen) zementieren die Sociolatrie; die marxistischen politischen Forderungen (nach Enteignung der Enteigner durch Erlangung der politischen Macht) führt zum Staatssozialismus.

[1962:] Meine Einstellung zur Sozialwissenschaft von Karl Marx ist zwiespältig. [:1962] [1945: Mit Zurückhaltung und Betrübtheit stelle ich fest, daß ich hier offen von den Aussagen von Karl Marx abweiche.] Als ich jung war, ausgestattet mit einem unabhängigen Geist, weigerte ich mich, die Sozialwissenschaft von Marx aufzunehmen, weil ich unabhängig als Künstler und als Mensch fortschreiten wollte - um meine eigenen Urteile über das soziale Verhalten, das ich sah, zu bilden. Und dann fand ich immer wieder, daß die Ergebnisse, die ich langsam und unzulänglich erreichte, von Karl

Marx schon vollständig und abgesichert, und ich möchte sagen: schön ausgedrückt waren. So war ich auch Marxist!, entschied ich mit Vergnügen, da es großartig ist, zu einer Tradition zu gehören und weise Freunde zu haben. Das war Marx als Sozialpsychologe. Aber betreffs politischer Aktionen auf der anderen Seite, sehe ich nicht - und habe ich nie gesehen -, daß die Slogans der Marxisten, auch die von Marx selbst, zu genossenschaftlichem Sozialismus führen; eher führen sie von ihm weg. [1962:] Bakunin war besser. Mit Kropotkin stimme ich überein. [:1962]

Nun (immer noch vom Kriegsfall abgesehen) gibt es für Revolutionäre einen großen Vorteil in der Existenz der Sociolatrie und sogar eines tyrannischen Wohlfahrtsstaates. Der Lebensstandard und der gegenwärtige Gebrauch der Produktionsmöglichkeiten mag unseren Ekel hervorrufen, aber es ist ein ethischer Ekel; es gibt nicht die unerbittliche, durch materielles Elend aufgezwungene Notwendigkeit zu handeln. Darum können unsere Aktionen einen mehr schrittweisen, erzieherischen und auch kompromißloseren Charakter haben. Die Ergebnisse solcher Aktionen werden dauerhaft und wertvoll sein, weil wir in unsere Freiheit hineinwachsen und uns nicht gegenseitig hineintreiben. Unser Angriff auf das industrielle System kann vielseitig und oft indirekt sein, um es durch sein eigenes Gewicht einstürzen zu lassen, anstatt durch einen Frontalangriff. [1945:] („Eins der wirksamsten Mittel der Verführung durch das Böse", sagt Kafka, „ist die Herausforderung zum Kampf. Wie der Kampf mit Frauen, der im Bett endet.") [:1945]

Es ist auch nicht wahr, daß das Fehlen von Druck und Verzweiflung es unmöglich mache , revolutionäre Gefühle zu erwecken. Da wir wissen, daß die Gesellschaft, die wir wollen, schon vollständig in unserem Herzen präsent ist, obwohl heute allgemein unterdrückt, können revolutionäre Gefühle schrittweise hervorgebracht werden; und sobald sie dann in Handlungen auftauchen, wird die Sociolatrie sinnlos, lächerlich und eklig durch den Vergleich. Es gibt keinen Zweifel, daß, einmal erwacht, die natürlichen Kräfte der Menschen unvergleichlich stärker sind als die entfremdeten Institutionen (die nämlich nur ein blasser Abklatsch der natürlichen Kräfte sind).

Auf der einen Seite ist die Kritik, die meine Freunde und ich ausdrücken eine kritische, zum Teil romantischer Haltung der Technologie gegenüber -, selbst ein Produkt der Überflußtechnologie;

auf der anderen Seite berühren wir gerade den verwundbaren Punkt des Systems. [1962:] sein Versagen, menschliche Loyalität zu gewinnen. [:1962]

Im Gegensatz zu radikalen Programmen, die die schon vorhandene große Staats- und Korporationsstruktur und die herrschenden gesellschaftlichen Institutionen in die perfektionierte Form der Sociolatrie überführen wollen, müssen wir folglich in kleinen Gruppen die Grenze der Kooperation mit dem System ziehen und Aktionen erproben, die direkt unsere eigene Natur befriedigen. (1) Es ist grundlegend, daß unser Programm mit Mut, gegenseitiger Ermutigung und gegenseitiger Hilfe durch unsere eigenen Anstrengungen zum Erfolg gebracht werden kann. Bis zu einem bestimmten Grad kann das sofort geschehen, zunehmend stärker werden - ohne Zuflucht bei entfernten Partei- oder Gewerkschaftsentscheidungen suchen zu müssen. (2) Die Gruppen müssen klein sein, weil gegenseitige Hilfe unsere menschliche Natur ist, hauptsächliche in Bezug auf diejenigen, mit denen wir persönlich verkehren. (3) Unsere Aktionen dürfen nicht auf die Etablierung eines utopischen Systems, sondern müssen "chiliastisch" auf genossenschaftliche Ordnung heute gerichtet sein, und zwar indem sie mehr und mehr soziale Funktionen in unsere freie Gesellschaft eingliedern.

Es ist Verrat an der freien Gesellschaft, in einem Beruf zu arbeiten, der nicht unsere menschliche Kraft realisiert und der nicht der gedankenlosen, willkürlichen Arbeitsteilung entgegenwirkt. Es ist ein Fall von Schuld - (dies ist ein strenger Spruch) -,wenn wir unser Leben bei gewöhnlicher Lohnarbeit in Büros und Fabriken erschöpfen. Das Ziel der Wirtschaft müßte nicht die effiziente Produktion von Waren sein, sondern die Schaffung kooperativer Berufe, die in sich selbst wert sind, getan zu werden, mit dem vollen Verständnis der Arbeiter für die technischen Vorgänge; dadurch würde die Erfindungsgabe des arbeitenden Kollektivs freigesetzt. (Wenn wir den ganzen Ausstoß an gesellschaftlicher Arbeit ansehen, so ist nicht einzusehen, daß die technische Effizienz die gegenwärtige Konzentration der Maschinen über allen Verstand und über die mögliche Kontrolle durch kleine Gruppen von Arbeitern hinaus verlangt oder auch nur verträglich mit ihr ist. [1962:] Dieser Punkt wird ausführlich behandelt in Communitas von Paul und Percival Goodman, New York 1960. [:1962])

Wir müssen unseren Lebensstandard überprüfen und sehen, welche

Teile wirklich brauchbar für das Dasein und das menschliche Wohlergehen sind, und welche Teile sich erweisen als Folgen der Konkurrenz, der „Sicherheit“ und der Minderwertigkeit, die durch ausbeuterische Institutionen und zwanghafte Werbung geschaffen werden. Die Frage ist nicht die nach der Quantität der Waren (die Tatsache, daß wir uns selbst mit Haushaltswaren überschwemmen, hat viele psychische Gründe, die zu tief für uns sind, um sie willentlich ändern zu können), sondern danach, ob die Waren, die den „Standard“ ausmachen, von entfremdeten Werten geprägt sind.

Kindern und Jugendlichen muß sexuelle Befriedigung erlaubt werden, wir müssen sie sogar dazu ermutigen, um sie von ängstlicher Unterwürfigkeit der Autorität gegenüber zu befreien. Vielleicht ist es unmöglich, die Beeinflussung der Kinder durch unsere eigenen Vorurteile zu verhindern, aber wenigstens können wir für die Jugend Gelegenheiten zu sexuellem Genuß schaffen. Das ist grundlegend, um die Muster des Zwanges und der Autorität an der Wiederkehr, egal welche politische Änderung vorausgegangen sein wird, zu hindern.

Wir müssen kleine Gruppen der direkten Inititative bilden, die in uns persönlich betreffenden Angelegenheiten der Gemeinde eingreifen (Wohnung, Gemeindeplanung, Unterricht, usw.). Die konstruktive Entscheidung über persönliche Angelegenheiten kann in unserer Sicht nicht an repräsentative Regierungen und Bürokratien delegiert werden. Weiter: Sogar wenn die Regierung wirklich die Interessen ihrer Wähler repräsentieren würde, so bleibt doch die politische Initiative selbst die noble und unveräußerliche Handlung jedes Menschen. Bei der Regierung, ebenso wie in der wirtschaftlichen Produktion, ist das, was hier oberflächlich als Effizienz erscheint, auf lange Sicht gerade keine Effizienz.

Da wir inmitten eines entfremdeten „way of life“ leben, müssen wir unsere Seelen gegenseitig untersuchen und säubern, bis wir nicht länger solche illegalen Handlungen als Schuld oder Konspiration ansehen, die der illegalen gemeinsamen menschlichen Natur entspingen. ([1962:] Gruppentherapie ist identisch mit kontaktreicher Nachbarschaft, die aufmerksam ist und sich trifft. [:1962] [1945: Nicht notwendig zu betonen, daß ich hier auf ethische Diskussionen, nicht auf Amateur-Psychoanalyse hinaus will.]) Mit Hinblick auf das Begehen solcher „Verbrechen“ müssen wir Vorsicht üben, aber nicht die Vorsicht der Hemmung, sondern die Vorsicht, wie sie ein gesunder

Mensch in einem Irrenhaus üben muß. Auf der anderen Seite müssen wir sehen, daß viele Handlungen gemeinhin als legal und sogar verdienstvoll angesehen werden, die in Wirklichkeit Verrat gegen unsere natürliche Gesellschaftsstruktur sind, dann nämlich, wenn sie uns in Situationen verwickeln, in denen wir aufhören, persönliche Verantwortung für die Konsequenzen zu tragen.

Wir müssen zunehmend die Kooperation verweigern mit allem, was mit Krieg zusammenhängt.

Ich bin mir bewußt, daß dieses Programm sehr viel Initiative, Mut, Anstrengung und soziale Kreativität zu verlangen scheint. Aber wenn wir einmal unsere Situation, wie immer sie sein mag, übersehen und die Grenze der Kooperation mit dem System festgelegt haben (wo immer wir sie festgelegt haben!) - können wir dann nicht sofort zur Tat schreiten? Diejenigen unter uns, die schon in einer vernünftigen Weise gelebt haben, finden diese minimalen Punkte nicht schwierig. Können aber diejenigen, die ihr ganzes Leben lang die Gewohnheiten (wenn nicht gar die Ideen) der entfremdeten Gesellschaft aufgenommen haben, erwarten, von einem drastischen Wandel verschont zu bleiben? Wenn wir Frieden bekommen, ist es notwendig den Frieden zu leben. Wenn es aber anders kommt, müssen wir uns auch für den Krieg der Herrschenden mitverantwortlich fühlen.

Krieg

Die Gefahr, der sich Sociolatrie und Staatssozialismus gegenüber sehen, ist Krieg und wir wissen, daß diese ihre Katastrophe uns alle überwältigen kann. Ist es eine Notwendigkeit ihres Systems? Man muß zugeben und kann es auch beobachten, daß es neben der Hinnahme der mechanischen, unspontanen gesellschaftlichen Befriedigungen einen starken Haß gegen diese Art von Befriedigungen gibt. Dieser Haß macht die Männer willig, in die Armee zu gehen und mit der Idee zu spielen, Bomben abzuwerfen.

(Um es mit anderen Worten zu sagen: In einer berühmten Passage rechtfertigt Freud pathetisch den Konkurrenzkapitalismus als ein Mittel, Aggression ohne physische Zerstörung abzureagieren. Wenn unter anderen ökonomischen Bedingungen - denen der Vollbeschäftigung und der unangefochtenen Profitrate - dieses Mittel des

Abreagierens vereitelt ist, wie soll die allgemeine Aggression dann einen Ausweg finden, wenn nicht die Aggression selbst gemäßigt wird durch kleine brüderliche Wettkämpfe, gegenseitige Hilfe und emotionale Befriedigung?).

Wir haben eine Menschenmasse kennengelernt, die entfremdet ist von natürlichen Angelegenheiten. Ihr Bewußtsein und Unterbewußtsein wird beherrscht von Aufreizungen durch Neuigkeiten, Massenkultur, Sport, Konkurrenz, Shopping, kurz: durch mechanische Manipulation. Nun laßt uns aus der Individualpsychologie etwas herausziehen, was eine Analogie zu sein scheint, aber mehr als das ist.

Wenn ein Ich sich gegen das triebhafte Es aufspielt, anstatt der Interpret, Führer, Lieferant und Agent solcher Triebe zu sein, ist dieses Ich grundlegend schwach und „tendiert dazu, sich selbst zu zerstören". Je hochentwickelter nun die Ablenkungen sind, die das Ich verlangt, um so fester ist die Abwehr und die Rationalisierung gegen die Instinkte, um so größer die Spannung, um so suggestiver und hypnotischer die tägliche Unbewußtheit und um so unvermeidbarer die Selbstzerstörung. Während der letzten Jahre seines Lebens stelle Freud, hauptsächlich um das Phänomen des Krieges zu erklären, seine Theorie des fundamentalen Todestriebes auf. Aber ob solch ein Trieb wirklich ursprünglich ist oder nicht (im allgemeinen ist eine Ahnung Freuds besser als angebliche ische Beweise" unbedeutender Leute) - jedenfalls ist kein solch ursprünglicher Trieb notwendig, um die Tendenz zur Selbstzerstörung zu erklären, die wir hier betrachten. Im Gegenteil, die Rebellion der Instinkte gegen die oberflächlichen Ablenkungen des Ich ist eine gesunde Reaktion: es ist eine gesunde Art der Gewalt, darauf berechnet, nicht den Organismus zu zerstören, sondern ihn von Leerheit zu befreien. Vom Ich könnte allerdings dieses Verlangen nach „Bersten" (Wilhelm Reich) als Verlangen nach Selbstmord interpretiert werden, und wenn das Ich die Bewegungen des Körpers und die Einbildungskraft wirklich kontrollieren kann, ist es in der Tat das Ende des Organismus.*

* Diese Problematik hat Goodman weiter ausgeführt in der Abhandlung „Über die Frage: Was ist der Sinn des Lebens", die er zur gleichen Zeit wie das „Manifest" schrieb. Dt. im Verlag Büchse der Pandora, Wetzlar 1980.
Anm. d. Übers.

Laßt uns zum realen gesellschaftlichen Kontext zurückkehren (da alle Individualpsychologie eine Abstraktion ist): Wir sehen auf allen Seiten einen schlecht verdeckten Haß - verdeckt nur bei denen, die ihn ausdrücken - auf die sozialen „Befriedigungen." Die gereinigten Champions unserer zivilisierten Arena, nämlich die Techniker und praktischen Wissenschaftler, scheinen am meisten dann von fieberhafter kooperativer Tätigkeit inspiriert zu sein, wenn diese Tätigkeit das Versprechen der Gewalt in sich trägt. Ferner kann sich das Volk zuversichtlich in die Zerstörung dessen stürzen, was es hat und was es ist, da die Menschen, als Masse inspiriert, sich gegenseitig durch Suggestion von schuldbewußter Zurückhaltung, die sie als Einzelne fühlen würden, „befreien".

Das Verhalten der Amerikaner zwischen den beiden Weltkriegen war in einer erschreckenden Weise bezeichnend. Auf der einen Seite waren alle Leute fast einmütig gegen den kommenden Krieg; es gab sogar ein wenig erfolgreiche pazifistische Agitationen (so die Ablehnung vieler Colleges, Militärübungen durchzuführen). Auf der anderen Seite wurde fortlaufend eine ökonomische und politische Handlungsweise an den Tag gelegt, die direkt zum weltweiten Krieg führte. Damit fand man sich ab trotz der klaren, beweiskräftigen und tausendmal wiederholten Warnungen vieler Kreise, daß diese Handlungen kopfüber in den allgemeinen Krieg führen würden. Es ist wenig hilfreich zu sagen, daß diese Warnungen nicht gehört wurden. Es scheint mir, daß das Verhalten der Öffentlichkeit das eines Menschen war, der einer Gefahr gegenübersteht, der er bewußt entkommen will, die er unbewußt aber erstrebt und eben dadurch paralysiert wird: so wartet er und will nicht an die Gefahr denken.

Aber ach! Diese soziale Gewalt, die die Menschen nicht zerstören, sondern nur zu natürlichen Institutionen zurückführen will, kann nicht gesund sein, weil sie uns tatsächlich zerstören würde.

Wir anderen leben besser unseren Frieden und bringen die übrigen schnell auf unsere Seite.

Solidarität

In einer Gesellschaft, die durch zwanghafte, aber auch durch natürliche Strukturen geprägt ist, enthält jede positive politische Aktion die Dialektik von Gut und Böse. Die Natur ist notwendig, während der Zwang (vom Menschen) verhängt ist. In dieser Situation müssen wir, um die Isolation eines besonderen Problems und die Erstarrung des zwanghaften Vordergrundes zu vermeiden, so handeln, daß das Problem selbst der Bewegung der gemeinsamen natürlichen Kräfte, die keiner bestreitet, anheimgestellt bleibt. Das definitive Merkmal freier politischer Aktion ist potentielle Solidarität, die auf die gemeinsame Natur und die Verminderung der Interessenkonflikte baut. Unsere politische Aktion ist das Entstehen der Solidarität aus natürlichem Konflikt. Viele Konflikte sind ganz die der Herrschenden und mögen vorteilhafterweise ignoriert werden. In anderen Fällen, solchen wie „Klassenkampf von oben", in denen ein direkter Angriff auf selbstverständliche Güter wie Lebensunterhalt oder Freizeit geführt wird, liegt die Angelegenheit klar: wir alle stehen auf der Seite von Freiheit, Gerechtigkeit und Natur. Aber wo es einen Konflikt zwischen natürlichen Kräften gibt, braucht der freie Mensch keinem Kompromiß zuzustimmen, sondern er muß ein Programm erfinden; denn natürliche Konflikte können nur durch Erfindungen, die irgend etwas Neues in die Angelegenheit einbringen, gelöst werden. Wenn jemand nichts erfinden kann ist es wahrscheinlich, das der Konflikt in ihm selbst liegt und seine Erfindungsgabe hemmt. Dann muß er sich auf den sicheren Grund, der dem Konflikt vorausliegt, zurückziehen, wo er noch erfinderisch sein kann.

Die Dialektik der positiven Aktion

Es ist nicht vorteilhaft, unter Zwangsbedingungen für einen relativen Fortschritt zu kämpfen, in einer Situation, die selbst wenn ein Sieg errungen wird, zwanghaft bleibt. Z.B. einen fairen Prozeß zu verlangen, wenn das Gesetz, das ausgeführt wird, ungerecht ist; oder die Bürgerrechte im Rahmen des Staates auszuüben; oder mehr Lohn zu verlangen, wenn das, was mit Geld gekauft werden kann, unbefriedigend ist; oder nach Demokratisierung des Militärs zu verlangen, obwohl Krieg unnatürliche Gewalt ist. Dies ist Vergeudung von Widerstandskraft und Verschleierung der wahren Probleme; es endet in Lähmung und Unterwerfung.

Da die Stärke und der Fortbestand jeder Gesellschaft auf der Naturhaftigkeit ihrer Konventionen beruhen muß, ist es andererseits vorteilhaft, die Natur in den vorhandenen Konventionen selbst mit schlechtem Gewissen zu verteidigen (obwohl es in den meisten Fällen weise ist, ein schlechtes Gewissen zu vermeiden). So treten wir im Gericht auf, als sei es unser Tribunal und erfreuen uns der Bürgerrechte, die von unseren eigenen großen Männern erkämpft wurden; wir handeln, weil der Marktplatz freie Wahl hat; wir verlangen eine Stimme nicht für den Soldaten, sondern für den Menschen. (Ja! und der nächste Schritt für den Menschen ist, zu sagen „Ich gehe!“) Dies ist wesentlich, um zu zeigen, daß nicht wir von der Gesellschaft entfremdet sind - wenn nicht diese, was für eine Gesellschaft haben wir dann noch? - sondern daß im Gegenteil „die“ Gesellschaft von sich selbst entfremdet ist.

Der normale Mensch wird durch die gesellschaftlichen Widersprüche verwirrt. Der freie Mensch muß soziale Erfindungen machen, die Widerstandskraft freisetzen. Nichts ist entmutigender, als eine aufrechte Gruppe oder Zeitungsredaktion zu sehen, die sich keinen schlechten Alternativen verschreiben will, aber dabei keine guten natürlichen Lösungen produziert. Wenn ein Mensch tatsächlich keinen Ausweg erfinden kann, was für ein Recht hat solch ein Mensch überhaupt, sich in dieser Angelegenheit einen Anarchisten zu nennen? Seine negative Kritik kränkt und entmutigt die anderen. Weiter: Es ist nicht ausreichend, als Lösung einen Zustand der Gesellschaft und der Institutionen anzubieten, der mit dem vorhandenen Aktionspotential der Menschen nicht erreichbar ist; er muß eine Aktion erfinden, die hier und heute realisierbar ist. Aber selbstverständlich finden es diejenigen, die auf natürliche Kräfte bauen, einfach, erfinderisch zu sein - in natürlichen Angelegenheiten; ein Mensch dagegen, der sich gewöhnlich nur zum Veto gegen alle vorgeschlagenen Alternativen genötigt sieht, wird dazu sicherlich durch einen unbewußten Widerstand gegen Lösungen überhaupt gezwungen.

In natürlicher Ethik gibt es kein solches Prinzip wie die Wahl des kleineren Übels. Solch ein Prinzip ist ein Selbstwiderspruch, da jede freie Aktion oder Verweigerung nur auf natürlicher Kraft und nicht auf Negation beruhen kann. Wenn eine gesellschaftliche Angelegenheit zu einer Sache der Wahl zwischen Übeln wird (wie der Aufbau einer Armee, um einem Tyrannen zu widerstehen), dann wissen wir, daß die Bürger ihre Wohlfahrt lange vernachlässigt haben. Die freien Aktionen, die wir dann erfinden können, sind alle begleitet von großem Leiden. Sie müssen vollkommen von dem Bereich möglicher Schuld wegführen; das kann ein schmerzliches Opfer sein - und immer schmerzlicher werden, bis alle Konsequenzen sich einstellen. Das sogenannte kleinere Übel ist immer ein Zeichen dafür, daß es einem Interesse erlaubt wurde, sich in Isolation zu entwickeln, bis es unser Leben bedroht. Es ist die Isolation eines Problems von seinen Ursachen, welche die Wahl auf das kleinere Übel beschränkt. Diejenigen, die den Zauber brechen und wieder auf ihre eigenen Kräfte bauen, werden eine andere Wahl treffen.

Um dem größeren Übel zu widerstehen, bilden wohlmeinende Menschen gewöhnlich eine „vereinigte Front" mit dem kleineren Übel ohne es annehmen zu wollen. Im lockersten Fall wird eine solche vereinigte Front „kritische Unterstützung" genannt; im stärksten Fall ist sie auf ein Programm mit „Minimalforderungen" gegründet, die vermutlich für die Ursachen der Krise relevant sind. Nun, die vereinigte Front ist im Prinzip nichts anderes als gegenseitige Hilfe; aber in der Praxis ist sie oft eine Hemmung genau der natürlichen Kräfte, die beide, das kleinere wie das größere Übel, überwinden würden. Die Formel von der „kritischen Unterstützung" wird gewöhnlich zu einfacher Hinnahme. Darum sagte Gandhi, daß er zwar von Natur aus kooperativ sei, aber sich nicht den Bedingungen fügen könne, die die Kooperation unmöglich machten.

Die Formel vom „Minimalprogramm" ist prinzipiell das Gleiche, wie die Festlegung der Grenze der Kooperation mit dem System: wird der Zwang an einem bestimmten Punkt gelockert, sind wir bereit zu kooperieren; denn wir nehmen an, diese Angelegenheit sei nun nicht mehr isoliert und darum unsere Aktion nicht notwendigerweise schlecht. Aber praktisch stabilisiert dies oft nur die Situation in einem neuen Zwangskompromiß und verhindert die Bewegung des nächsten Schrittes (aber die Grenze der Kooperation zu ziehen ist untrennbar vom Willen zum nächsten Schritt). Die tatsächliche Erfüllung der Minimalforderungen beweist, daß sie die neue Form des Zwanges darstellen. Sonst wären sie nicht erfüllt worden; z.B. wenn die Verbesserungen der Sozialgesetzgebung den korporativen Staat vorbereitet. Aber gesellschaftliche Kreativität ist unmöglich, wenn die Situation eingefroren ist. Darum hungerte Gandhi mit dem Ziel, den „Unberührbaren" Recht widerfahren zu lassen, als Protest gegen das, was wie ein vernünftiges Minimalprogramm aussah, nämlich ihnen eine große Zahl von sicheren Sitzen im Kongreß zu bewilligen („getrennte Wahlen"), weil dies ihren Status als von der Gemeinschaft Getrennte eingefroren hätte.

Im allgemeinen ist die richtige Einstellung mit Hinblick auf das geringere Übel und die vereinigte Front Teil dessen, was „aggressive Nichtbindung" und „begrenzte Bindung" genannt werden kann:

Offensichtlich kann ein Mensch im Bezug auf schlechte Alternativen nicht einfach dadurch richtig handeln, daß er sich nicht einmischt. Denn in diesem Fall unterstützt er in Wirklichkeit die schlechte Alternative, welche auch immer sich als die stärkere herausstellen mag. Aber ein freier Mensch kann oft eine aggressive Position außerhalb der „Alternativen" beziehen, die subversiv wirkt und auf die vernachlässigten Kräfte baut, so daß, nachdem die Sache zwischen den „Alternativen" entschieden ist, sie immer noch fortlebt: neue Kräfte wirken ein, die die Entscheidung aufs Neue herausfordern. Aber nun stellt der Herausforderer nicht mehr eine schlechte Alternative, sondern eine erfinderische Lösung vor. Dies ist die richtige Vorgehensweise, wenn die vorgestellten Alternativen schnell in die Zwangsstruktur integriert werden. Auf der anderen Seite, wenn die Situation flexibel und uneindeutig ist, kann der freie Mensch („kooperativ von Natur aus") eine begrenzte Bindung mit einer der vorgeschlagenen Alternativen eingehen, wenn er (a) auf diese Weise dazu beitragen kann, die Sache zu klären und (b) sich, sollte die Sache zur Schlechteren werden, zurückziehen kann, ohne sich eindeutig entscheiden zu müssen. Er muß sich sehr viel Freiheit der Aktion vorbehalten. Jede freie Aktion wird, so lange sie praktiziert wird, wachsende Kräfte hervorbringen. Der aggressiv ungebundene Mensch oder der Mensch, der sich die Freiheit der Aktion vorbehält, wenn er sich in begrenztem Ausmaß bindet, wird sicherlich wirksam sein und Einfluß erlangen unter denen, die gezwungen, gehemmt und gebunden sind gegen ihre beste Natur.

Aber am Besten von allem ist es, in Situationen zu handeln, in denen es natürliche Solidarität und keinen Grund zum Rückzug oder zur Abgrenzung gibt. Denn solche Aktionen inspirieren einen Menschen über sein bestes Urteil hinaus.

Solidarität

Ein natürlicher Konflikt wird mehr durch freundschaftliche Solidarität gelöst als durch die Fähigkeit, den Wunsch oder das Urteil vereinzelter, miteinander streitender Personen. Und Solidarität wird meist nicht durch „Entspannung“, sondern durch Verschärfung des Konflikts gefunden: sie riskiert natürlichen Zwang, bis eine neue Idee auftaucht.

(Ich denke, daß Solidarität in Ausdrücken von „Konflikt“ und „Kreativität“ definiert werden muß und nicht durch die „Harmonie des Ich“. Denn diese Harmonie wäre, wie ich gegen die revisionistischen Freudiander eingewandt habe, Narzismus und drückte gar keine gesellschaftliche Beziehung aus.)

Wenn die zwei Parteien eines Konflikts tatsächlich um das Allgemeinwohl besorgt sind, ist es unmöglich, daß sie irgendwann, es sei denn für vorübergehende Situationen, zu Mehrheitsentscheidungen durch formalisiertes Abstimmen kommen. Jede Seite wird stattdessen begierig jede rationale Opposition begrüßen, um das eigene Urteil zu verbessern. Der Konflikt wird so zu einer gemeinsamen Lösung führen, die solidarisch durchgeführt wird. Dies ist natürlich ein Gemeinplatz unter Freunden. Wenn sie zu Fraktionierung und Abstimmung gezwungen sind, ist das ein Zeichen dafür, daß moralische Standards im Spiel sind, die außerhalb der Dynamik der Freundschaft stehen. In freundschaftlichen Gruppen werden viele Entscheidungen dadurch einmütig, daß diejenigen der Freunde, die nicht genügend betroffen sind, ihren Anspruch nicht nachdrücklich vorbringen; es ist auch nur vernünftig, daß diejenigen, die am meisten betroffen sind, die Entscheidung gewinnen.

Ursprünglich war die Herrschaft der Mehrheit, nehme ich (ohne Beweis) an, ein stillschweigendes Übereinkommen, keinen bewaffneten Kampf zu führen, den die Mehrheit ohnehin gewinnen wüde. So besehen ist sie ein offensichtlicher Zwang, der überdies bald unbewußt wird unter dem Deckmantel der Illusion von Gerechtigkeit, fair play, ect. Ein etwas philosophischer Anstrich von Gerechtigkeit könnte der Herrschaft der Mehrheit durch das utilitäre Kalkül zugesprochen werden, demzufolge die Befriedigung von Vielen besser sei als die von Wenigen; das würde aber nur gelten können, wenn es richtig wäre, daß die Mehrheitsmeinung im allgemeinen auch tatsächlich zur Befriedigung der Mehrheit führt. Oft ist allerdings die Meinung der Minotitär, je kleiner sie ist, um so begründeter. Es ist unmöglich, daß die Umstände so gleichartig sind, daß sich durch sechs Köpfe mehr Weisheit ausdrückt, als durch fünf. Glücklicherweise sind die meisten Alternativen, die in Zwangskonflikten zur Abstimmung kommen, so gleichmäßig mit Nachteilen belastet, daß Münzwerfen auch eine gerechte Entscheidung ergäbe. In der Praxis sind nur Wenige wirklich betroffen - sei es durch das Problem, sei es durch den Wunsch, gewählt zu werden -, und sie bekommen ihren Willen. Die Mehrheit hält sich zurück, betrachtet sich als unbetroffen und sagt nur immer „Ja".

Die allgemeinen Vorstellungen von Fraktionsbildung und Abstimmung würden nur dann fundamental zu rechtfertigen sein, wenn es in der Tat unversöhnliche natürliche Kräfte oder Interessen gäbe; dann wäre der abgemachte Zwang besser als der Kampf auf Leben und Tod. Aber so etwas gibt es nicht in der Psychologie, und in der Sozialethik wäre es ein Widerspruch in sich. Denn jede freie Gesellschaft entspringt der gemeinsamen Menschlichkeit,* und jedes natürliche Interesse hat nicht zufällig, sondern wesentlich eine Beziehung zu dieser gemeinsamen Basis. Und welcher freie Mensch würde nicht vieles auf sich beruhen lassen, wenn er dächte, daß sein Freund einen Wert behauptet, den er absolut nicht teilen kann - wenigstens aus Sympathie?

„Aber", wird eingewandt, „wenn wir zugeben, daß es keine ursprünglich unversönlichen natürlichen Konflikte geben kann, so muß doch eingeräumt werden, daß es in der Praxis immer wieder zu unversöhnlichen Konflikten kommt. Darum haben wir de facto unversöhnliche Konflikte und befragen die Mehrheit anstatt die Kraft der Waffen." Wo ein solcher de-facto-Konflikt wirklich existiert, ist die Folgerung dieser Einrede richtig. Aber in Wirklichkeit kommt so etwas selten vor; fast immer ist eine erfinderische Lösung zur Hand oder nahe bei der Hand. Es ist ein Irrtum, daß für Streitfragen, die bei praktischen, kommunalen Problemen eine langfristige Rolle spielen, eine erfinderische Lösung schwieriger zu finden sei als ein Kompromiß oder eine schlechte repressive Alternative (so wie es wäre, wenn es sich um religiöse Probleme handelte, in denen Anfechtungen durchgestanden werden müssen). Nur weil die Mehrheit ihren Willen bekommt, will sie keinen Tag warten und hemmt deshalb die Erfindungsgabe. - Hatte zum Beispiel 1775 das Parlament keine erfinderische Lösung zur Hand?

Solidarität ist natürlich; es gibt aber auch erzwungene Einstimmigkeit. Erzwungene Einstimmigkeit ist ein Übel in der Politik besonders in modernen Zeiten, obwohl sie sich schon immer religiös und militärisch manifestiert hat: Sie ist der Zwang der Gewohnheiten und unbewußten Kräfte, so daß die Urteile des Ich scheinbar „spontan" zur Zustimmung gelangen. Das klassische Beispiel sind hunderte kluge Denker, die in gleichlautender, hetzerischer Sprache erklären, daß der Sozialismus ihre Individualität zerstören würde. Natürliche Solidarität beruht auch auf unbewußten Verbindungen - die kreative Kraft der Freundschaft übersteigt die Fähigkeit von Einzelnen; die Freunde sehen ihre Arbeit mit Erstaunen entstehen (und dann können sie sie gut genug erklären). Ausbrüche unkontrollierten sozialen

* [Anm. 1962:] Ja; nichtsdestotrotz gibt es Widersprüche in den menschlichen Werten, weil es eine Zahl „grundlegender Kriterien" des richtigen Verhaltens gibt, die unvergleichbar sind und die unter Umständen intellektuell unlösbare Konflikte hervorrufen können. Wir sagen: „Laßt uns Gerechtigkeit üben, wenn uns dabei auch der Himmel auf den Kopf fällt!", obwohl Gerechtigkeit keinen Sinn hat, wenn die Welt untergegangen ist und es keine Gesellschaft mehr gibt. Ein Wissenschaftler ist gerechtfertigt, weiter zu forschen, egal, was die Konsequenzen sind. Sogar ein Bergsteiger kommt ruhmreich um. Ein Künstler hat den absoluten Auftrag, seine Arbeit zu beenden, selbst wenn seine Lieben hungern. Und starke sinnliche Leidenschaften wie Liebe, Freundschaft, Loyalität, geben die Rechtfertigung für jede Maßlosigkeit. Daraus ergeben sich Konflikte, weil für jedes dieser Kriterien ein Mensch ohne schlechtes Gewissen sein Leben opfern und jeden von uns in Gefahr bringen könnte. Unsere Humanität müßte ihm zustimmen. Dieser Konflikt selbst ist ein wundervolles Charakteristikum der gemeinsamen Menschlichkeit. [:1962]

Enthusiasmuses sind auch gesund, reinigend und inspirierend, ähnlich wie die Entspannung durch den Orgasmus; aber - oh Herr! - nicht die dauerhafte und monotone Hypnose, die sowohl viele unserer Institutionen der Industrie und Unterhaltung stärkt als sie auch von diesen gestärkt wird - oft ohne einen persönlichen Hypnotiseur, so daß der Herrschende genauso wie der Beherrschende in die gleiche Trance fallen!

Positive politische Aktion

Wir haben von positiver politischer Aktion gesprochen. [1945:] Ich hoffe, daß ich bisher nicht vom Wesentlichen der anarchistischen Überlegungen abgewichen bin, außer daß ich ihnen einige Erkenntnisse der Psychoanalyse hinzufügte, aber [:1945] es muß zugegeben werden, daß das Wort „Politik" in anarchistischen Schriften verpönt ist. „Politik" wird gleichgesetzt mit Zwang, durch den Staatsapparat und der Tätigkeit seiner Verwalter, die beides zugleich sind, nämlich Handlanger der ökonomischen Ausbeuter und selbst Ausbeuter. Diese Einengung des Begriffs ist nicht klug. Denn tatsächlich haben sich durch die Geschichte hindurch gerade die aufgeklärtesten und viele der besten Menschen selbst als politisch bezeichnet. Mit Kunst und Philosophie verbunden war Politik eine ehrenhafte Aktivität für einen freien Menschen. Laßt uns Politik als eine freie Handlung definieren, die darum zu freien Gesellschaften gehört.

Anarchistische Schriftsteller sprechen oft von „Politik" so, als ob sie die gegenwärtige Zwangsfunktion der Staaten und Postenjägerei ausmache und in einer freien Gesellschaft zur reinen „Verwaltungsfunktion" reduziert werden müsse. Aber erstens können wir heute sehen, daß es genau die Verwaltungsfunktionen sind, in denen sich die giftigsten Erscheinungsformen des Staatszwanges ausdrücken. Und zweitens ist die Erwartung einer solchen Reduktion falsch; sie ist nicht einmal wünschenswert. Jede Maßnahme der sozialen Erneuerung, die nicht Routine ist, die sich anfänglich einer Opposition gegenübersieht und sich ihren Weg über reflektierte Zustimmung bahnen muß, ist politisch. Ein freier Mensch wird in einer freien Gesellschaft oft eine neue Politik beginnen, wird in Konflikte mit seinen Gefährten eintreten und dabei Zwang ausüben. Aber das ist natürlicher Zwang.

[1962:] Es ist am besten, Politik im antiken Sinne zu definieren als die grundlegenden Beziehungen zwischen den tätigen Interessen in einem Gemeinwesen. Dann ist Macht an Funktionen gebunden und wird durch sie begrenzt. Die modernere Auffassung von Souveränität, abstrakter Macht, ist im Prinzip unbegrenzbar und verhindert tatsächlich die eigenen Zwecke. Sie wurde dem Gemeinwesen aufgezwungen von Menschen, die wie Piraten gehandelt haben, denn sie standen in Wirklichkeit außerhalb des Gemeinwesens. Das wurde hingenommen von Neurotikern, die nicht aus sich selbst heraus funktionieren und darum keine Widerstandskraft besitzen. [:1962]

Eine Eigenschaft der freien politischen Aktion besteht darin, daß sie positiv im richtigen Sinne der Einführung einer neuen Konvention ist. Auch hierbei erlauben sich die Anarchisten getreu ihrer falschen Intuition nur negative oder verweigernde politische Aktionen. Darin sind sie durch die Jahrhunderte unnatürlicher Zwangskonventionen gerechtfertigt. Aber aus unserer täglichen Wirtschaft und unserer privaten Existenz entwickelt sich keine große Sache ohne die Hilfe durch eine positive, ja, aggressive Idee. Betrachtet die zionistische Bewegung - um ein Beispiel aus unserer Zwangsgesellschaft anzuführen: Große Städte wurden aus dem Boden gestampft (manche schlecht lokalisiert), Gärten in der Wüste angelegt und die Menschen bewaffnet; und das alles ist die Folge nur einer Idee im Kopf eines Journalisten, der mit ihr die vorbereiteten Möglichkeiten entfaltete.

Eine freie positive Idee, so könnte man sagen, will die gesellschaftlichen Kräfte zur Aktion zwingen - das ist natürliche Politik. Eine zwanghafte positive Idee dagegen behindert oder zerstört die natürlichen Kräfte - das ist unnatürliche Politik.

Die Alternative zu natürlicher Politik ist nicht „keine Politik", sondern Zwangspolitik, da die Menschen nicht damit aufhören werden, positive gesellschaftliche Aktionen auszuführen. Im Gegenteil, gerade die Gesinnung von Routine und „Verwaltungsfunktionen" bringt schlechte Neuerungen hervor. Wir müssen darum davon sprechen „Frieden zu führen", genau wie man davon spricht, „Krieg zu führen". Es ist der Sinn, in dem ein freier Künstler von der „Kunst des Friedens" sprechen kann - wer weiß, welche Art von Frieden jemand mit seiner Kunst hat!

Laßt mich den großen Satz von Michelet zitieren: „Initiation - Erziehung - Regierung: das sind drei synonyme Worte".

Zuerst scheint eine positive Idee sogar für seinen Urheber zwanghaft zu sein; dann erkennt er sie - vielleicht nur durch ihre Ausführung - als den Ausdruck seiner tieferen Kräfte, manchmal von Kräften, die zu tief sind, als daß sie überhaupt seine eigenen genannt werden können. Wenn es eine Idee ist, die soziale Kooperation verlangt, werden seine Gefährten sie im Gegenzug als zwanghaft ansehen. Wenn dann, wie es oft geschieht, die Idee irrig ist - sie ist vielleicht nur der eigenen Situation des Urhebers angemessen - wird das freie Urteil der Gefährten ihr sicher widerstehen, besonders insoweit es andere positive Ideen auf dem Gebiet gibt. Aber wenn er die besseren Argumente hat, müssen die Gefährten natürlicherweise gezwungen werden; sie sind seine Schüler.

[1962:] Bürgerfreiheit muß die Gelegenheit für jeden bedeuten, eine Politik, einen Versuch oder eine Idee einzuführen - das ist es, was Milton und das frühe Bürgertum damit meinten. Sie kann nicht nur die Freiheit von Beschränkungen sein, wie Mill zu behaupten scheint; das wäre eine von vornherein verlorene Schlacht, denn die so bestimmte Freiheit kann sich nicht halten, es sei denn der Form nach. [:1962]

Eine falsche Auffassung von Solidarität

Geradeso wie es Begriffe gibt, die von unseren Autoren unberechtigt zurückgewiesen werden, so werden auch bestimmte Philosophen abgelehnt. (Es ist sowieso unnütz, Philosophen zurückzuweisen, weil das, was sie sagen, doch irgendwie wirklich ist.) Und der am meisten Zurückgewiesene ist Nietzsche. Dabei ist es gerade der Gedanke von Nietzsche, nämlich, daß wir eine Brücke sind zu einem höheren Menschen, der Salz zu unserem Konzept der gegenseitigen Hilfe geben kann. Wenn Freiheit nur die Ausübung von natürlicher Macht wäre, kämen wir nicht umhin, eine „natürliche" innerliche Angst und, wie Nietzsche gesagt haben würde, Ressentiment auszudrücken. Darum müssen wir im Gegenzug sagen: „Gegenseitige Hilfe" und „individuelle Eigenart" - ein Moment des Nachdenkens wird zeigen, daß dies das Gleiche ist, wie zu sagen „Frieden führen".

[1945:] Es lebe [:1945] unsere Brüderlichkeit, die mehr als ihren Anteil an Exzentrizität hat! Und [1945: Aber] wie schade, wenn freie

Gesellschaften verfehlen würden, starke Exzentrizität in Vorbildhaftigkeit umzuwandeln, sie stattdessen nur absorbieren würden. Das wäre eine falsche Auffassung von Solidarität, wäre erzwungene Einstimmigkeit.

Starke Exzentrizität ist in einer Zwangsgesellschaft das Ergebnis der Ausübung einer Kraft, die zu stark ist, um unterdrückt zu werden. Da das System des Zwangs organisch ist und die Kraft des Exzentrikers auf Schritt und Tritt beschränkt, sie heuchlerisch in „unversöhnliche Konflikte" mit anderen natürlichen Interessen bringt, kommt der Exzentriker bald dahin, sogar abzustreiten, daß schlichte Güter gut seien. So können wir beobachten, daß furchtloses Sprechen, starke sinnliche Lust oder gesunder Menschenverstand Exzentriker hervorbringt.

Aber in freier Gesellschaft findet die starke Kraft ihre Relation zu anderen Kräften; sie versucht, ihnen ihre positive Idee aufzudrängen; und sie wird ein Beispiel eigener Art. Wenn Frieden geführt wird, wenn es individuelle Eigenart und gegenseitige Hilfe gibt, ist das Ergebnis mustergültig: Modelle der Verwirklichung.

Eine andere falsche Auffassung von Solidarität

Eine bevorzugte Redensart unter Gegenseitige-Hilfe-Typen ist: „Glücklich ist das Volk, das keine Geschichte hat" - keine Kriege, keine Dynastien, keine Notwendigkeit zu rebellieren. Was macht in der Gesamtheit der feststellbaren menschlichen Existenz, die immer aus den gleichen Bedürfnissen entspringt, ein Thema für Geschichte? Nun, ich möchte diesen Spruch in Frage stellen und zwischen Zwangsgeschichte und freier Geschichte unterscheiden.

Wenn wir den Blick nur auf die anthropologischen Möglichkeiten werfen, dann könnte gefolgert werden, daß es gar keine Geschichte gegeben habe, zwangsweise oder anderswie. In den Tausenden von Jahren gibt es keine Möglichkeit der Sinne, des Denkens, der Ethik, auch nicht der Technik, die sich entwickelt haben oder verloren gegangen sind. Sie waren immer eine gemeinsame menschliche Natur.

(Die Existenz einer gemeinsamen unveränderlichen menschlichen Natur ist ein a priorisches Prinzip der historischen Untersuchung - es ist ein wahres Analogon zum Prinzip der Erhaltung der Energie, durchgespielt von Henry Adams. Aufgrund dieses regulativen Prinzips vertraut der Historiker darauf, daß die Dokumente, die er zu Rate zieht, nachvollziehbare Beweise liefern. Wenn es Änderungen in der menschlichen Natur gegeben hätte, würde er sie gar nicht bemerken, außer durch Lücken in seinem Verstehen. Die Rechtfertigung des Prinzips liegt darin, daß in der Tat sehr wenige Dokumente vorkommen, die einer Auslegung in unseren heutigen Begriffen bedürfen. Weiter - und wichtiger -: Je sorgfältiger der Historiker den Buchstaben des Dokuments folgt und je mehr er auf „moderne" Vorurteile verzichtet, desto erkennbarer werden die alten Zeiten. Durch das gleiche Prinzip erkennen wir auch unsere Verwandtschaft mit Löwen und Bären).

Fragen wir aber nun den „anarchistischen" Spruch, das Volk sei ohne Geschichte glücklich: Was ist diese natürliche Existenz, was sind diese menschlichen Kräfte, Bedürfnisse und Befriedigungen, die die freie Gesellschaft fördert? Dann sehen wir, daß wir sie in ihrer ganzen Fülle nur durch die Geschichte kennen. Geschichte ist die Wirklichkeit der menschlichen Kräfte, und wir folgern die Kraft aus den Handlungen. Es sind Homer und Sophokles, die zeigen, daß wir Poeten sein können. Von dem besonderen Charakter einer Epoche können wir schließen, daß gewisse Kräfte, die sich dort wirklich ausgedrückt haben, anderswo durch die Institutionen gehemmt werden. Die Universität lehrt, wo der schöpferische Geist gestrahlt hat.

Zum Schluß: Es ist nur freie positive Aktion, die Geschichte macht, die die Tiefe unserer gemeinsamen Kräfte offenbart. (So erklärte Marx, der sich darauf beschränkte, den Menschen innerhalb von Klassengrenzen zu betrachten, die Geschichte habe noch nicht begonnen). In allen Imperien, Systemen der Ausbeutung, im ersten, zweiten und dritten Weltkrieg, die die Zwangsgeschichte ausmachen, gibt es eine tödliche Monotonie: überall die Hemmung der meisten Kräfte des Lebens und überall der Ausdruck der gleichen trivialen Gewalt. Sogar die Griechen, jene Erfinder und Söhne des Morgens. konnten nichts besseres improvisieren (und darum verdienen ihre Kriege ein melancholisches Interesse); das ist erschreckend. Dagegen haben Theorien, Gedichte, heroische und heilige Taten, obwohl es ihrer tausend und Tausende von jeder Art gibt, einen jeweils eigentümlichen Charakter.

[1962:] Politische Organisation ist auch eine freie positive Aktion, die die Funktionsfähigkeit der Gesellschaft erleichtert, vielleicht sogar veredelt. Aber sie ist gefährlich. Selbst ohne Piraterie verhärtet sie sich leicht zu abstrakter Macht. In den amerikanischen Dokumenten des 18. Jahrhunderts von Jefferson, Madison, Adams und sogar Hamilton ist es bemerkenswert, wie die Autoren als Bürger sprechen, die die politische Organisation verkörpern und sie als einen existenziellen Akt ihrer Natur hervorbringen. Aber 20 Jahre später, schon in Jeffersons Regierungszeit, dann katastrophal in der Zeit von Monroe und Jackson, war die Rede von „freien“ Individuen üblich, die Patrioten sind in einem abstrakten Staat, den sie selbst nicht ausmachen. [:1962].

Paul Goodman

Notizen eines Steinzeitkonservativen

Veröffentlichungen

Notes of a Neolithic Conservative, in: Paul Goodman, New Reformation: Notes of a Neolithic Conservative, New York 1970 (Random House), S, 191-208

1.

Für grünes Gras und saubere Flüsse, für Kinder mit leuchtenden Augen und gesunder Farbe, was immer auch ihre Hautfarbe sei, dafür, daß die Menschen sicher sind vorm Herumgestoßenwerden, so daß sie sie selbst sein können - für einige Dinge wie diese wäre ich bereit, allen anderen politischen, ökonomischen und technischen Fortschritt wegzudenken.

Die heutigen „Konservativen" scheinen zu Zuständen zurückkehren zu wollen, die in der Regierungszeit von McKinley bestanden. Aber wenn die Menschen Objekte einer alles umfassenden Sozialtechnokratie werden und die Biosphäre selbst in Gefahr gerät, brauchen wir einen steinzeitlicheren Konservativismus. Darum mag ich Grundsätze wie „Die Aufgabe der Grundschule sollte es sein, den Sozialisationsdruck abzuschwächen" und: „Verändere, um zu vereinfachen, sonst so wenig wie nur möglich."

Die Liberalen wollen Fortschritt, daß heißt die Wachstumsrate durch politische Mittel zu steigern. Aber wenn die Verhältnisse erträglich sind, wird sich eine Gesellschaft schon irgendwie weiterentwickeln, da die Menschen dann Energie, Wünsche, Neugierde und Originalität entwickeln. Dagegen sehen wir, daß alle Mittel des Staates nicht helfen, ein Kind zu erziehen, die nachbarschaftlichen Beziehungen zu erneuern, einem unterdrückten Menschen Würde zu geben. In einigen Fällen vermitteln sie den Menschen die Chance, sich selbst zu helfen; aber in den meisten Fällen stehen sie im Wege, richten Schaden an und verschwenden Wohlstand. Mag sein, daß politische Macht aus dem Lauf der Gewehre kommt, aber wie John L. Lewis* sagte: „Mit Bajonetten kann man keine Kohle fördern."

* Präsident der UMW (United Miner Workers) 1921-1960. - Anm. d. Übers.

2.
Edmund Burk hatte eine gute Vorstellung von Konservativismus, daß es nämlich gefährlich sei, bestehende Gemeinschaftsbande zu zerstören; sie sind nicht schnell genug zu ersetzen und so wird die Gesellschaft oberflächlich und die Regierung illegitim. Es bedarf des Erscheinens eines Propheten oder eines anderen irrationalen Momentes, um neue Gesellschaft zu stiften. Es ist wie in der Liebe oder der Ehe - wenn es zu keinen unlösbaren moralischen Differenzen oder wirklicher körperlicher Abneigung kommt, ist es besser, dabei zu bleiben und die Glut anzufachen, als „glücklich" nicht verliebt oder gar nicht verheiratet zu sein. Die schwere Entscheidung kommt natürlich, wenn man meint, man sei schon woanders verliebt; die Völker sind hierbei sehr vorsichtig.

In seiner amerikanischen Politik war Burk ein guter Konservativer; er war willens, alles andere aufzugeben, um die Gemeinschaftsbande zu konservieren. Genau das ist der Punkt, an dem sich Schwindelkonservative entlarven, wenn sie opportunistisch von „prinzipieller Repräsentation" oder „größtmöglicher Partizipation der Armen" sprechen und in Wirklichkeit Privilegien verteidigen. Ein Beweiß, daß die Amerikanische Revolution gerechtfertigt war, ist, daß die britische Regierung die Ratschläge von Burk und Pitt nicht befolgte. Später, Während der Französischen Revolution, klammerte Burk sich sentimental an das Vergangene, weil, nachdem Ludwig XVI versucht hatte, zu den Invasoren überzugehen,keine Gemeinschaftsbande mehr geblieben waren, die hätten konserviert werden können.

3.
Das Problem ist, die Angst zu verringern und Notsituationen zu vermeiden, wenn Diktatur droht und geachtete Menschen Greuel verüben. Da gab es die wirkliche Bedrohung durch Hitler und das Wachstum der Rüstungsindustrie, das darauf zurückgeht, ist noch immer nicht beendet. Aber Woodrow Wilson sah das Gleiche für die Kriegsindustrie 1916 voraus, und wir haben es überwunden. So lange wie das alte Rom Vitalität besaß, war es in der Lage, Diktatoren zurückzuweisen. Wir haben die teilweise paranoide Notsituation des Kalten Krieges erfunden, die jetzt seit mehr als zwanzig Jahren anhält. Vieleicht überwinden wir sogar diese.

Das Schlimmste aber ist die metaphysische Notsituation der

Modernen Zeiten: Das Gefühl der Machtlosigkeit des Einzelnen in einer riesigen sozialen Maschinerie; das verzweifelte Vertrauen auf technologische Verfahren, gerade die Probleme zu lösen, die durch die vorausgegangenen technologischen Verfahren verursacht worden sind; die Extrapolation und Planung der weiteren Verstädterung, obwohl die Städte schon heute technisch und finanziell am Ende sind. Folge: „Es ist nichts zu machen".

Hauptsächlich, um nicht selbst dieser Logik zu erliegen, improvisiere ich aus dem Stegreif Alternativen zu den bestehenden Zuständen. Ich kann dann auf diese Weise zeigen, daß die Gründe, warum die Menschen nicht frei sind, nur politischer und psychologischer, nicht aber metaphysischer Natur sind. Anders als die meisten „Sozialkritiker" habe ich starke Skrupel, etwas anzugreifen, wenn ich nicht ein oder zwei Alternativen anbieten kann, um das Auftreten von metaphysischer Angst zu vermeiden. Gewöhnlich habe ich auch gar keine kritischen Gefühle, wenn ich mir nicht etwas anderes vorstellen und damit zu improvisieren anfangen kann. Im Bezug auf die meisten „gesellschaftlichen Pflichten" ist mein Rat allerdings, sie zu vergessen.

4.

Coleridge war der philosophischste der konservativen englischen Schriftsteller: „Wenn wir Bürger haben wollen, dann müssen wir zunächst sicher sein, daß wir Menschen erziehen" - oder sie erhalten. Der Kontext dieser Bemerkung in „The Constitution of the Church and State" ist seine Kritik an der Enteignung der Klöster durch Heinrich VIII. Das Eigentum wurde der „babylonischen Hure" rechtmäßig weggenommen, um die Abwanderung des Wohlstandes von England nach Rom zu stoppen; aber Coleridge argumentiert, daß es dann, um Menschen zu erziehen, anderen moralischen oder kulturellen Institutionen hätte übertragen werden müssen und nicht in die allgemeine Ökonomie hätte eingegliedert werden dürfen. Lebhaft vertritt er das Gleiche irgendwo in „The Friend": Ein Manchesterökonom hatte gesagt, daß ein isoliertes Städtchen, das nicht am nationalen Handel teilnähme, keine Bedeutung habe. „Was, Sir," antwortete Coleridge, „haben siebenhundert christliche Seelen keine Bedeutung?" Die englischen Fabrikstädte verheizten die Menschen für die Wirtschaftsmaschinerie. Zunehmend brauchen wir die Menschen für die Wirtschaftsmaschinerie. Zunehmend brauchen wir die

Menschen nicht einmal mehr für die Wirtschaftsmaschine.

5.

Als Literat bin ich letztlich Coleridge am ähnlichsten (mit einem Schuß Mathew Arnold, wenn mich die Vulgarität des Liberalismus packt). Vielleicht ist das, was wir gemeinsam haben, ein Zwangsbedürfnis: bei ihm Drogenabhängigkeit, bei mir frustrierte Homosexualität. Das hält uns in Berührung mit sinnlichem Verlangen, so daß uns weder die Steigerung des Bruttosozialproduktes noch Schulzeugnisse und Statussymbole übermäßig beeindrucken können. Für Süchtige und andere Menschen im Elend muß sich die Welt unmittelbar darstellen. Sie tut's nicht.

Meine homosexuellen Handlungen haben mich zum Nigger gemacht, Objekt von willkürlicher Brutalität und Erniedrigung, da mein ausbrechender Impuls nicht als Recht anerkannt wird. Niemand (außer kleine Kinder) hat einen Anspruch darauf, geliebt zu werden; aber es gibt eine Art, jemanden zurückzuweisen, die ihm das Recht, zu sein und er selbst zu sein, nicht nimmt; und das ist das Nächstbeste nach Erwiderung der Liebe. Ich habe mich selten solcher Behandlung erfreut.

Stokely Carmichael hat Allen Ginsberg und mir einmal gesagt, daß unsere homosexuellen Bedürfnisse nicht wie schwarze Hautfarbe seien, da wir sie jederzeit aufgeben und in die Gesellschaft zurückkehren könnten. Das zeigt, daß er uns gegenüber den gleichen Mangel an Einfühlungsvermögen hat, den die Leute Niggern gegenüber haben. Zufällig fand dieser Dialog im (britischen) Fernsehen statt.

Ein lebendiger Nigger kann mit verschiedenen Arten von Haß reagieren, die auf seinem Charakter beruhen. Er kann bereit sein, alles zu zerstören, da es für ihn keine Welt zu verlieren gibt. Oder er kann einen in-group-Faschismus entwickeln. In meinem Fall scheint meine Nigger-gleiche Situation mich anzuregen, grundlegendere - wildere, strukturierte, buntere - Menschlichkeit zu verlangen. Es ist eine Nationale Befreiungsfront nötig, die sich aber nicht auf einen Nationalstaat beschränkt, sondern die Grenzen herunterreißt. Das war es, was Gandhi und Buber wollten, aber man hat sie ausrangiert.

Gewöhnlich sollten wir versuchen, soziale Angst zu verringern; aber, um die willkürlichen Grenzen herunterzureißen, müssen wir es riskieren, die soziale Angst zu erhöhen. Einige Grenzen sind natürlich in unserem Interesse und die Menschen jenseits sind uns gleichgültig oder exotisch. Aber sobald wir anfangen, eine Grenze zwischen uns und anderen zu bemerken, projezieren wir unsere eigenen schlechten Wesenszüge auf jene hinter den Grenzen und sie werden zu Fremden, Häretikern, Unberührbaren - Leute, die man wie Dinge ausnutzen kann. Durch ihre ganze Existenz bedrohen oder reizen sie uns und wir müssen sie zermalmen, „beschützen“ oder mit missionarischem Eifer „zum Guten bekehren“.

Ausgeschlossene oder Unterdrückte haben mit ihrer Rebellion immer Recht, da sie für unsere zukünftige Ganzheit stehen. Und ihre Forderungen müssen immer als falsch, ihr Stil als unangebracht und ihre Aktionen als Störung der Legalität erscheinen. Aber wie in jeder Psychotherapie ist das Problem, die Angst zu tolerieren und es mit ihr auszuhalten, anstatt in Panik zu geraten und eine Notsituation heraufzubeschwören.

Sonderbarerweise sind die halbbackenen und geschwollenen Schriften der Jugendlichen in dieser Hinsicht hoffnungweckend, genau weil sie so schrecklich sind. Sie sind verlegen oder schamlos, aber nicht panikartig. Sie sind eine Art Volkskunst der großstädtischen Verwirrung und wo Volkskunst ist, kann es auch zu hoher Kunst kommen. Sie sind nicht avantgardistisch, da die Autoren nicht genug wissen, um einen Punkt zu haben, von dem sie ausgehen können. Diese Schriften sind nicht einmal eklektisch, sondern ein Mischmasch von mißverstandenen Stilrichtungen. Aber sie sind ohne vorgefertigte Grenzen. Es ist etwas dran, an ihrem „Indianertum“ (tribalism), wie sie es nennen. Es ist ein wenig wie eine Volksinternationale. Und wie alle Volkskunst, ist es langweilig; ein kleiner Einfall wird breit ausgewalzt.

6.

Lord Acton, der den Konservativismus verstand, pries denjenigen Charakter - (George Washington war ein gutes Beispiel) -, der konservativ der Neigung nach ist, aber entschlossen im Bruch mit der Tradition, wo sich dies als nötig erweist. Ein guter Chirurg mildert den Schock nach dem Eingriff, indem er als Arzt sagt: „Die Natur, nicht der Doktor heilt.“ Die Überlegenheit einer konservativen, sogar rückwärtsgewandten Neigung in einem erfolgreichen Revolutionär ist, daß er die Gefahr der Übernahme durch neue Bosse verringert, die mit feststehenden Plänen voll sind. Nach der Amerikanischen Revolution segnete uns die konservative Neigung der führenden Köpfe mit jenen 25 Jahren der Quasi-Anarchie in nationalen Angelegenheiten, während der wir lernten, was das amerikanische Experiment wertvoll gemacht hat. „Es ist ein freies Land, man kann mich nicht herumstoßen" (It's a free country, you can't make me) - mehr als ein Jahrhundert lang lernte jedes Einwandererkind, dies zu sagen. Das Gleiche wäre in der Französischen Revolution passiert, wenn sie sich der geographischen Isolation wie wir erfreut hätte, also sicher vor Invasoren gewesen wäre. Die ersten französischen revolutionären Führer waren das Gegenteil von Jakobinern. Danton wollte zu Wein, Weib und Gesang zurückkehren. Der Fehler an der leninistischen Revolution allerdings ist, daß sie von Beginn an von Leninisten gemacht wird. Sie haben Pläne.

7.

Ich selbst habe ein konservatives, vielleicht zögerntes Wesen. Aber ich glaube, wie ich gesagt habe, daß es gegen das gegenwärtige Regime in Amerika stärkere Kämpfe geben wird als bisher: von Jugendlichen, die fertig gemacht werden; von Schwarzen, die übergangen werden; von Hausfrauen und anderen, die zu Preisen, die durch Spesenkonten und staatliche Subventionen hochgetrieben werden, lebensnotwendige Güter mit hart verdientem Geld kaufen müssen; von Berufstätigen, die ihre Autonomie fördern werden, anstatt als Personal in der Bürokratie eingesetzt zu werden; ganz zu schweigen von allen lebendigen Menschen, die in Gefahr wegen der Bomben und CBW sind. Unser System kann viele Unterbrechungen des gewöhnlichen Geschäfts gebrauchen. Es ist keine empfindsame Schweizer Uhr. Die Gefahr liegt nicht in einer Lockerung der Systemzwänge, sondern im Gegenteil in ihrer Verschärfung durch aus Panik entstandener Repression.

Es ist wahr, daß wegen der massiven Verstädterung und der zusammenhängenden Technologien die fortgeschrittenen Länder anfällig für einen katastrophalen Zusammenbruch sind, und dies erzeugt eine merkliche Angst. Aber der Zusammenbruch wird wahrscheinlich mehr befördert durch die „respektablen" Ambitionen der Eastern Airlines und der Consolidated Edison als durch revolutionäre Sabotage. Nichtsdestoweniger glaube ich, daß die revolutionäre Agitation gewalt-ablehnend sein sollte, so wie es die Aktionen im großen und ganzen auch gewesen sind, obwohl sie gewaltsame Aktionen vorbereiten sollten.

8.

In einer modernen, hochkomplexen Gesellschaft kann, so wird gesagt, jede globale „revolutionäre“ oder „utopische“ Veränderung unabsehbare destruktive Folgen haben. Ich stimme zu; aber ich wünschte, die Menschen würden sich daran erinnern, daß wir fortwährend große, schnelle Änderungen eingeführt haben, die in der Tat unabsehbare Schocks zur Folge hatten. Man betrachte nur für die vergangene Generation: TV, Massenverschulung, Motorisierung (Autos, Strassen), Vorstädte, Passagierflugzeuge, Großfarmen, Kaufhausketten, forcierte Verstädterung; ganz zu schweigen von Rüstungsindustrie, Vietnam-Krieg und Einberufungen: In der ganzen Entwicklung war bewußte Entscheidung ein wichtiger Faktor; es war kein natürlicher Prozeß und keine unvermeidliche Katastrophe. Und wir haben noch nicht damit angefangen, die Probleme, die aus dieser Entwicklung entstehen, mit jenen Problemen zu vergleichen, die bei einer utopischen Veränderung entstehen würden. Mehr noch, in einer verblüffend kurzen Zeit sind wir in eine politische, kulturelle und religiöse Krise geraten, die vorrevolutionär genannt werden muß - und das alles wegen ein paar bewußter Idioten.

9.

Es gibt allerdings auch ein authentisches Problem. Auf der ganzen Welt wird die Kollektivierung verstärkt, was, meiner Meinung nach, unvermeidbar ist. Ich habe gerade die erste Mondlandung gesehen; der Eindruck der kollektiven Leistung ist überwältigend. Wir wissen nicht, wie wir mit diesem Dilemma fertig werden sollen. Der einzige umsichtige Weg ist der Versuch, die Freiheiten lokal, im Beruf und in der Moral zu verteidigen und zu vermehren. Jede gewaltsame kollektive Änderung würde sicher totalitär, egal was ihre Ideologie wäre.

Es ist kaum notwendig zu betonen, daß ich selber eine umfassende Veränderung der Institutionen ersehne und dafür kämpfe: durchgreifender Abbau der Rüstungsindustrie, des Schulwesens und des Gefängniswesens; Rückgabe der Straßen der Stadt an die Kinder durch Verbannung der Autos aus dem Stadtkern, Rückgabe der Städte an die Bürger durch Nachbarschaftsräte; kraftvolle Stärkung von dezentralisierter Massenkommunikation, Stärkung der ländlichen Rekonstruktion, garantiertes Einkommen und einen Bereich freier, geldloser Güterverteilung (free appropriation). Ich trete ein für ein Ausbildungssystem, das Arbeiterselbstverwaltung zum Ziel hat, und für eine gildenartige Vereinigung, die den authentischen Beruf stärkt. Die Folgen dieser Veränderungen sind auch unabsehbar; es ist schwer, die Konsequenzen zu durchdenken, wenn unsere Gesellschaft von allen aufgeführten Veränderungen gleichzeitig erfaßt würde. Aber ich glaube, daß sie sich nach einer kurzen Zeit stabilisieren und nicht explodieren würde.

10.

In jeder entwickelten Gesellschaft sollte es eine Mischung von kollektiv getragenen und individuell oder durch kleine Gruppen getragenen Unternehmen geben. Beide Formen der Organisation werden Unternehmen hervorbringen, die entweder versuchen, geschäftig und expansiv zu sein, oder konservativ zufrieden sind, bestehende Bedürfnisse zu befriedigen. Es gibt immer „Sozialismus" und „freie Marktwirtschaft", „Produktion für den Profit" und „Produktion für den Gebrauch". Die interessante politische Frage ist, was das richtige Mischungsverhältnis und die richtige Anwendung in einer speziellen Gesellschaft zu einer speziellen Zeit ist. Sicherheit vor Ausbeutung, Sicherheit vot Tyrannei, Flexibilität für Erneuerungen, die Möglichkeit zu ausgleichender Aktion - alle diese politischen Dinge beruhen auf jenem Mischungsverhältnis. Aber auch die ökonomische Effizienz beruht darauf: „Für jede Konstellation von technologischen und sozialen Bedingungen gibt es vielleicht ein ungefähres Optimum des Verhältnisses von Formen der Unternehmensorganisation, oder besser gesagt: gibt es Grenzen für die Unausgewogenheit, jenseits derer das System den Output verringert. Ein (gutes) gemischtes System bleibt innerhalb der Effiziengrenze." (People or Personnel, Chapter 5)

Es ist erstaunlich, daß niemand dieses Thema untersuchen will.

11.

In einem seiner späten Bücher, „The Third World War", machte C.

Wright Mills einen idiotischen Vorschlag, weit unter seinem sonstigen Niveau. Die Konzentration der Entscheidungsmacht in unserem System von Institutionen, meinte er, mache eine große Änderung zum Guten möglich, wenn die Entscheidungsträger richtig beeinflußt werden könnten - er schien an John Kennedy zu denken. Aber es ist zweifelhaft, ob irgendein Bürokrat wirklich diese Art Macht hat, um eine wichtige Veränderung der Politik zu erreichen; schon 1961 gaben die Leute um Kennedy zu, daß sie es nicht könnten. Und selbst wenn sie es könnten und sie würden eine gute Politik verfolgen - konzentrierte Macht kann sowieso keine menschlichen Resultate hervorbringen; sie friert das ein, was sie berührt. Vielleicht steckt allerdings eine andere -Wahrheit in Mill's Idee. Die Verschachtelung der Institutionen, die Konzentration der Entscheidungsmacht und die Massenkommunikationsmittel sind Dinge, die die Menschen kraftlos machen, eingeschlossen die Entscheidungsträger; wenn aber freiheitsliebende Menschen, ehrliche Berufsttätige oder irgendeine andere entschlossene Gruppe aufsteht und ihre Sache ausficht, sind zwar die Chancen gegen sie, und dennoch werden ihre Aktionen, genau aus der Machtlosigkeit der anderen heraus, Einfluß und Resonanz haben. In einem achtlos hingeschriebenen Satz in „Growing Up Absurd" habe ich gesagt: „Man hat den starken Verdacht, daß, wenn zehntausend Menschen in allen Bereichen des Lebens aufstehen, einen festen Standpunkt einnehmen und ihn deutlich zum Ausdruck bringen würden, wir unser Land zurückbekommen können." - Und, verdammt, ich denke immer noch so, mit stärkerer Überzeugung als damals.

12.

Der richtige Weg der Planung ist, die „Vermittlungen" zu eliminieren, die weder nützlich sind noch es sein könnten. Wir sollten Information, Transport, Verwaltung, „allgemeine" Kosten, Massenmedien und wartendes Herumsitzen verringern. Auf der anderen Seite gibt es entsprechende Funktionen, die wir verstärken sollten, wie Reisen und Handeln, Pfiffigkeit, Umgang, Unterhaltung und Trödeln, die Dinge, die eine ebenso geschäftige wie müßige Stadt ausmachen, wie sie von Jane Jakobs zelebriert wurde. Der Unterschied zwischen den Funktionen scheint der zu sein: bei Organisation und Hierarchie liegt die Seele auf Eis, bis die „Vermittlung" abgeschlossen ist; bei persönlichem Austausch, Handel und Umgang dagegen sind die Menschen zusammen, und es könnte etwas dabei herauskommen. Es ist der Unterschied zwischen Urbanität, die ihre Lebensform tyrannisch der Stadt und dem Land gleichermaßen aufzwingt, und Stadtplanung, die öffentliche Plätze und kleine Geschäfte vorsieht und damit eine Lebensform schafft, die im Kontrast zum Landleben steht.

Es war die Besonderheit des amerikanischen Pragmitismus - unser großer Beitrag zur Weltphilosophie - zu zeigen, daß die Mittel die Ergebnisse definieren und einfärben, den Eigenwert von Vorgängen und Materialien zu betonen, der Arbeiterschaft und dem Arbeitstag Würde zu verleihen, die Ziele weniger isoliert, mehr prozeßhaft zu bestimmen, damit nicht nur das Ende, sondern auch der Weg dahin gut ist. Aber in den letzten Jahrzehnten gab es eine erstaunliche Umkehrung dieser Grundsätze: Die Tendenz der amerikanischen Philosophie, z.B. der analytische Logik oder der Kybernetik, ist, der Herstellung, dem Nutzen, der Arbeit, dem Material, den moralischen und psychologischen Zielen den Eigenwert abzusprechen und formal durch Vermittlung, Organisation, System und Information zu definieren, das, was Max Weber „Rationalisierung“ genannt hat. Denn natürlich ist das Medium die ganze vorhandene Botschaft! Die wahren Pragmatisten bestanden auf Werten, besonders in alltäglichen Angelegenheiten. Systemanalytiker entfernen Werte bis auf einige Momente des kollektiven Fortschritts. Ihre Planung verfeinert und verbessert die „Vermittlung“ um ihrer selbst Willen; sie verstärkt die Zwänge, ohne das Leben zu bereichern. Wenn die statistische Methode den Daten oder Produkten keinen Sinn hinzufügt - „Müll rein, Müll raus“ dann vermehrt die statistische Methode in den Augen des Pragmatikers nur den Müll. In der Tat abstrahiert die statistische Methode die Daten, damit sie mit ihnen umgehen kann, und grenzt die Ergebnisse auf das ein, was sie beantworten kann. Gewiß könnte die Kybernetik bereichernd sein, so wie die Psychatrie oder wie die Ökologie, aber das ist sie bisher nicht gewesen - eine Ausnahme bilden die Werke von Gregory Bateson.

Es ist interessant zu bemerken, wie sich der Stil der wissenschaftlichen Forschung geändert hat. Um die Jahrhundertwende sprachen die Forscher von Entwicklung, Kampf, Lösung, Logik der Interpretation. Heute betonen sie Code, Homöostasis, Feedback, die Logik der Struktur.

13.
Vor einem Jahrzehnt wurde das Ende der Ideologie verkündet, weil mit den Problemen der modernen Gesellschaft nur pragmatisch, funktional und schrittweise fertig zu werden sei. Dies scheint eine schlechte Voraussage gewesen zu sein, bedenkt man die lautstarke Wiederkehr von marxistisch-leninistischer Law-and-Order Rhetorik. Dennoch hat sie sich erfüllt, wenn auch nicht in dem Sinne, in dem sie gemeint war. Die ideologische Rhetorik ist nämlich irrelevant; aber die pragmatische, funktionale und schrittweise Einstellung hat nicht, wie angenommen, unsere Probleme der Domäne der Experten, Verwalter und Techniker überlassen, sondern den Dissidenten. Relevante neue Gedanken sind nicht administrativ und technologisch, sondern existenziell, ethisch und taktisch gewesen. Verwalter und Planer schreiben Bücher über die Universitäten und die Städte, extrapolieren von den Trends und - fordern Geld; aber die Geschichte hat keine Eile, in ihrer Richtung zu gehen.

Mehr noch, der Pragmatismus muß heute so ausgelegt werden, daß der Charakter der Verwalter und Planer als Teil des Problems, das es zu lösen gilt, angesehen wird; er ist psychoanalytisch geworden; er betont Engagement. (Nebenbei: dies ist ursprünglicher James'scher Pragmatismus). Funktionalismulismus bedeutet heute, das Programm und die Funktion selbst zu kritisieren und zu fragen, wer es warum durchführen wird, und ob es menschlich wertvoll ist. Schrittweise Veränderung ist zum Konzept der politischen Aktion derjenigen geworden, die von ihr betroffen werden. Anstatt administrativer zu werden, wie erwartet, sind die Dinge politischer geworden. Die Prämissen der Sachverständigengutachten und Planungsperspektiven werden in Frage gestellt. Die Empfehlungen der Ausschüsse (Boards Of Trustees) werden genau untersucht. Professionalismus ist ein schmutziges Wort. Ausdrücke wie „Engagement" (commitment), „Dialog", „Konflikt", „Basis" (community), „sein eigenes Leben leben" (do your thing) sind tatsächlich anti-ideologisch - und manchmal enthalten sie auch keinen anderen Gedanken; aber sie sind sicher nicht das, was „The End of Idiology" im Sinn hatte. Und es stellt sich heraus, daß sie relevant für die Bedingungen der komplexen modernen Gesellschaft sind.

14.

Einen Vorteil, den ich vor vielen anderen haben - ich weiß nicht, ob durch Glück oder Charakter - ist, daß ich niemals etwas tun mußte, was mir vollständig entfremdet war, und mich dazu auch nicht selbst gezwungen habe. Ich war gut in der Schule und mochte sie. Vom Alter von 15 an hatte ich niemals einen Job, der vollkommen nutzlos war oder keine Verwendung für einige meiner Kräfte hatte, so daß ich versuchen konnte, eine gute Arbeit in meinem eigenen Stil zu machen. Dies heißt nicht, daß ich tat, was ich wollte. Manchmal war die Arbeit ungemütlich oder langweilig, und es war fast niemals das, wofür ich hätte gebraucht werden sollen. Ich war arm, ohne Kontakte, Bisexuell, ein sozialer Versager, so daß ich immer durch elementare Bedürfnisse getrieben wurde und die Dinge nehmen mußte, wie sie kamen, ohne eine Wahl. Aber ich könnte nicht etwas tun (ich sehe es nicht als Möglichkeit für mich an) - mit dem ich mich nicht irgendwo identifizieren kann. Wenn jemand mir einen lauen Job mit guter Bezahlung angeboten hätte, hätte ich kaum widerstehen können, aber das ist niemals geschehen. Ich habe immer hart gearbeitet in einer Weise, wie sie für mich selbst sinnvoll war - und wurde oft gefeuert.

Es ist verheerend, daß dies nicht eine allgemeine Erfahrung ist. Wenn die Leute Bewegungen machen, die keinen Sinn für sie haben und die nicht aus innerer Pflicht entstehen, sondern nur um des Gehaltes oder anderer äußerer Belohnung willen ausgeführt werden, bedeutet es das Ende von Menschenverstand und Achtung vor sich selbst. Charakter wird durch die Verhaltensweisen geprägt, die wir initiieren; wenn wir etwas initiieren, was wir nicht meinen, werden wir krank. Und wie wir sehen, kann die Akkumulation von solchen Bewegungen, die nicht fortwährend als sinnvoll geprüft werden, zu Katastrophen führen.

15.

Die Zeit, die ich mit Politik verbracht habe - es ist nicht viel Zeit, aber mehr als ich hatte -, ist ein gutes Beispiel dafür, wie ich an einer Sache arbeite, die meine ist, die aber lästig und langweilig ist. Als konservativer Anarchist glaube ich, daß nach Macht zu streben unfruchtbar ist, obwohl ich die bestehenden Mächte so wenig als möglich anrühren will; ich bin bereit, meine Zustimmung zu geben, sobald die Bedingungen halbwegs annehmbar sind, so daß die Menschen sich wieder den Dingen widmen können, die zählen - Beruf, Sport, Freundschaft.

Natürlich, Politik sollte nichts für mich sein. Im Prinzip stimme ich mit den Hippies überein. Sie werden politisch, wenn sie empört sind, wie über den Vietnamkrieg oder rassistische Gesetze, und sie müssen innerhalb der Machtpolitik arbeiten, um ihre eigenen Angelegenheiten und Gemeinschaften zu schützen, z.B. gegen die Bedrohung durch die Polizei; aber im Bezug auf alles andere urteilen sie richtig, daß die „Radikalen" Gefangene des Systems sind.

Aber ich bin politisch wegen meines idiotischen Selbstkonzepts als Dichter: Ich bin ein Schriftsteller, der zuerst seine Pflicht als Bürger, Vater usw. getan haben muß. Daher ist mein verhängnisvolles Vorbild John Milton - und es ist ein armseliger Zustand zu warten, bis man blind ist, um frei zu sein und dann ein großes Gedicht schreiben zu können. Aber wenigstens schreibe ich dabei mit gutem Gewissen. Ich bin kein politischer Dichter

16.

Unter normalen finanziellen Bedingungen ist der Weg freier Bürger, die Regierung zu kontrollieren, die Steuern zu bezahlen oder nicht, gewöhnlich durch das Parlament, aber wenn beide - Regierung und Parlament - illegitim sind, durch individuelle Verweigerung. Zur Zeit weigern sich einige die Bundessteuern zu zahlen oder 70% davon, als Protest gegen die Aufrüstung und, natürlich, wegen des Vietnamkrieges. (Sie schätzen, daß der Rüstungshaushalt 70% des Gesamtbudgets ausmacht.)

Ich stimme mit den Prinzipien der Steuerverweigerung überein, obwohl ich, bis auf die Sondersteuer und die Telefonsteuer, die Steuern zahle aus einem moralischen Skrupel heraus: Unter den gegenwärtigen finanziellen Bedingungen ist das Geld, das ich einnehme, nicht Lohn für meine Arbeit, ist nicht meins, sondern gehört genau zu dem System, das ich bekämpfe. Ich habe ein gutes Einkommen. Ich möchte ein adäquades haben und etwas mehr; ich habe schwer gearbeitet bis ich 45 war, Kinder aufgezogen, und zwar mit einem Gehalt in den untersten 10% der Einkommensskala; ich habe auch nicht gefunden, daß mein spät kommender Wohlstand meine Gedanken, meine Arbeit oder meine Lebensart geändert hat. Aber das meiste meines heutigen Geldes ist „weiches" Geld, von der Kriegsökonomie und von verschwenderischen Zentralstrukturen, und ich sehe mich nicht gerechtfertigt, Cäsars Anteil davon einzubehalten.

Zum Beispiel bekomme ich eine große Summe für einen Vortrag - hauptsächlich, weil ich einen „Namen“ habe und sie ihren Veranstaltungen Prestige verleihen wollen; die Vortragsreihe wird von einer Stiftung finanziert; und man muß nicht lange forschen, um herauszufinden, daß Firmen aus dem Komplex der Rüstungsindustrie diese Stiftung unterstützen - vielleicht aus Steuergründen! Ich halte den Vortrag unschuldig genug; ich bin wahrscheinlich nicht der einzige, der ihn halten kann, aber ich tue mein Bestes und sage, was ich zu sagen habe. Es würde nicht helfen, das Geld zurückzuweisen (oder 70% davon), da, dem Parkinson'schen Gesetz zufolge, daß alles weiche Geld ausgegeben wird, das Geld bestimmt irgendwie ausgegeben wird.

Ich weiß nicht auf wieviel ich die Bezahlung einschätzen soll, die ich für harte Arbeit bekomme, also den Anteil, bei dem ich mich gerechtfertigt fühlen würde, die Steuerzahlung zu verweigern, aber es kann nicht viel vom Ganzen sein. Es gibt eine Hypothese, daß in unserer Gesellschaft der Lohn umgekehrt proportional zur Leistung steht. Die Vorstellung ist, glaube ich, daß man das große Geld im System macht, und je höher man im System aufgestiegen ist, um so weniger man den Arsch bewegt. Aber impirisch ist das nicht ganz richtig. Top-Manager und hohe Beamte tun harte Arbeit für viel Geld; die, die eine 36-Stunden-Woche haben, arbeiten weniger, für unterschiedlichen Lohn; Farmer, Krankenpfleger, Tellerwäscher und andere arbeiten sehr hart bei miserabler Bezahlung; einige Studenten arbeiten hart und es kostet sie etwas. Arbeitsunfähige werden nicht angemessen unterstützt. Meiner eigenen Erfahrung nach gibt es überhaupt keinen Zusammenhang zwischen Leistung und Gehalt. Zwanzig Jahre lang bekam ich durchschnittlich nur einige hundert Dollar für meine Werke, für die ich heute gute Honorare kassiere; ich arbeite hart für eine möglicherweise gute Sache und lege die Reisekosten aus und bezahle einen Beitrag, oder ich tue die gleiche Arbeit an einem staatlichen College für ein hübsches Sümmchen und Spesenersatz. Mein Verleger lädt mich zu einem teuren Essen auf Firmenkosten ein, und das Essen ist schlecht. Die dritte Klasse in Flugzeugen ist oft die bequemste, weil man, wenn das Flugzeug nicht voll ist, die Armstützen hochklappen und sich ausstrecken kann.

Das Fehlen des Zusammenhangs zwischen Leistung und Gehalt muß die naiven Jugendlichen stark verwirren und vielleicht abstoßen.

Meiner Meinung nach ist es unglücklich für heute, aber vielversprechend für die Zukunft: Es schafft die Attitüde „Es ist nur Geld!“, und politisch kann eine Gesellschaft, die einen Überfluß an weichem Geld besitzt, sich unproblematisch einen Sektor von Kommunismus schaffen in der Form eines garantierten Einkommens oder freier, geldloser Güterverteilung oder einer Mischform von beidem.

Die Telefonsteuer war, wie dem auch sei, ausdrücklich eine Kriegssteuer und meine Frau und ich haben sie nicht bezahlt. Wir waren recht schadenfroh, daß die Regierung einige hundert Dollar (vom Steuerzahler, unserem Geld) aufwenden mußte, um 1,58 Dollar kassieren zu können. Wir haben auch die 10%ige Sondersteuer nicht bezahlt, die direkt im Zusammenhang mit dem Vietnamkrieg stand. Diese Steuer für diesen Krieg ist wie die Schiffssteuer, die Charles I für seinen irischen Krieg erhob und die John Hamden verweigert hatte. Der FBI schien uns im Nacken zu sitzen, aber wenn ich eingesperrt worden wäre, hätte ich jenen Präzedenzfall vorgebracht. (Nein, sie haben das Geld auf der Bank beschlagnahmt.)

17. In sonst freundlichen Besprechungen und vorwurfsvoller Fan-Post von jungen Leuten lese ich, daß es drei Fehler in meinem sozialen Denken gibt: Ich trete für Flickwerk ein. Ich sage nicht, wie man das, was ich vorschlage, verwirklicht. Ich bin ein „Romantiker“ und will zur Vergangenheit zurück. Laßt mich diese Kritik beantworten.

Meine vorgeschlagenen kleinen Reformen und Erneuerungen sind, so wird gesagt, bedeutungslos, weil ich nicht das „System“ begreife, also den Monopolkapitalismus; und ich bekomme die philologische Belehrung, das „radikal“ heißt „zu den Wurzeln gehen“, während ich an den Ästen hacke. Um dies zu beantworten, habe ich versucht zu zeigen, daß in einer komplexen Gesellschaft, die mehr ein Netzwerk ist als ein Monolith mit einem Kopf, ein schrittweiser Angriff effektiv sein kann; es ist der sicherste Weg, bei dem am wenigsten wahrscheinlich ist, daß er ruinöse Konsequenzen der Repression oder des „Erfolges“ zeitigt; er bezieht die Menschen an jenen Stelle ein, an denen sie kompetent sind oder kompetent werden können, und schafft auf diese Weise Bürger, was besser ist als eine „Politisierung“; er begegnet der metaphysischen Verzweiflung, daß nichts getan werden könne. Und da, wie ich meine, das Ziel der Politik ist, nicht eine „gute“, sondern eine erträgliche Gesellschaft zu schaffen, ist es das Beste, die Übel zu überschaubarer Größe zurechtzustutzen; die besten

Lösungen sind gewöhnlich nicht global, sondern ein bischen von diesem und ein bischen von jenem.

Wichtiger noch, unter diesen verwirrenden Bedingungen der Modernen Zeiten, die so voll von Widersprüchen sind, weiß ich nicht, was die „Wurzeln“ sind. Ich habe noch von keiner Formel gehört, z.B. „Sozialismus“, die die Frage nach den „Wurzeln“ beantwortet. Wenn ich ein Bürger in einem kommunistischen Land wäre, würde ich ohne Zweifel in (mehr) Schwierigkeiten kommen, wenn ich meine „bourgeoisen“ Erneuerungen als Flickwerk vorschlage. Da alle gegenwärtigen Gesellschaften Mischungen aus Sozialismus, Marktwirtschaft etc. sind und sein müssen, ist das Problem in jeder Gesellschaft, eine vernünftige Mischung anzustreben, und das könntc am besten durch Flickwerk geschehen.

18.

Eine zweite Kritik ist, daß ich nicht erkläre, wie die netten Dinge, die ich vorschlage, erreichbar sind. Der Hauptgrund dafür ist natürlich, daß ich es nicht weiß, denn wenn ich es wüßte, würde ich es sagen. Drück es so aus: Ich bin ein Pazifist seit vierzig Jahren und dreißig Jahre ziemlich aktiv und . . . Aber Unwissenheit ist selten eine Entschuldigung. Was meine Kritiker wirklich aufbringt ist, daß ich mein Nicht-Wissen zu einfach akzeptiere, so als ob aktuelle Veränderung unwichtig sei, obwohl in Wahrheit die Menschen im Elend leben und sterben.

Wie ich erklärt habe, habe ich nicht den Charakter für Politik. Ich kann nicht führen und nicht einfach geführt werden, und ich zweifle an der Fähigkeit der Parteien und Regierungen, irgendein positives Gut zu erreichen - was davon ist Ursache, was Wirkung? -, darum verschwende ich keine Gedanken an Fragen der Manipulation und Macht, gehöre ich keiner Partei an und darum habe ich keine solchen „praktischen“ Gedanken. Aber Vertrauen und Engagement sind notwendig, um relevante Ideen hervorzubringen. Nichtsdestotrotz muß man versuchen, sinnvoll zu handeln, und ich bin oft willens, mich zu engagieren als Dichter, sozusagen im Rahmen der Arbeitsteilung.

Ich stimme mit meinen Kritikern überein, daß es keine sozialen Gedanken ohne politische Aktion gibt; und wenn ich diese Regel verletze, sollte ich damit aufhören. Außer wenn es hohe Poesie ist, ist utopisches Denken langweilig. „Neutrale“ Soziologie ist moralisch widerlich und schlechte Wissenschaft. Ein wesentlicherTeil jeder soziologischen Untersuchung ist ihr praktischer Effekt, sonst ist das Problem schlecht definiert: denn dann werden die Leute als Objekte angesehen anstatt als menschliche Wesen, und der Untersuchende selbst schließt sich aus ihrem Kreis aus.

Im Bezug auf die menschlichen Probleme, an denen ich meist arbeite, dem Gefühl der Machtlosigkeit, dem Verlust der Geschichte, der Vulgarität, dem Fehlen von Größe, der Entfremdung, der Fehlanpassung von Organismus und Umwelt - (und dies sind politische Probleme) -, im Bezug darauf gibt es vielleicht keine andere „Strategie" als Literatur, Dialog und den Versuch, selbst ein nützlicher Bürger zu sein.

19.

Ich bin kein „Romantiker"; was meine liberalen und radikalen Kritiker aufregt ist, daß ich ein Konservativer bin, ein „Konservierender". Ich gebrauche die Vergangenheit; die Frage ist, wie.

Ich bekomme eine Art Einsicht (für mich selbst) durch die genetische Methode, durch das Schauen, wie sich eine Gewohnheit oder Institution aus der Vergangenheit in die gegenwärtige Form entwickelt hat; aber ich verstehe auch, das der positive Wert und die Bedeutung einer Institution in ihrer gegenwärtigen Tätigkeit liegt, mit der sie den gegenwärtigen Bedingungen begegnet. Freud zum Beispiel war im Irrtum, wenn er manchmal andeutete, der Mann habe ein Kind in sich, oder ein Wirbeltier einen Ringelwurm. Jedes spezifische Individuum verhält sich als das Ganze, zu dem es geworden ist; und jedes Stadium des Lebens hat, wie Dewey betonte, seine eigenen Probleme und Lösungswege.

Diese Kritik an der genetischen Methode gilt allerdings nicht für die negative, die fehlerhafte Seite der Gegenwart; diese Seite ist nur veränderbar, indem wir Anleihen in der Vergangenheit machen. Der Fall liegt analog zur Lokalisierung einer organischen Funktion, z. B. dem Sehen. Wie Kurt Goldstein sagte, können wir das Sehen nicht im Auge oder im Gehirn lokalisieren - es ist nämlich eine Funktion des ganzen Organismus in seiner Umwelt. Aber ein Fehler des Sehens mag sehr wohl zu lokalisieren sein in der Augenhornhaut, dem Nervus Opticus etc. Wir können das Sprechen nicht durch die psychosexuelle Biographie des Kindes erklären; es ist der Weg einer Person, in der

Welt zu sein. Aber ein Sprachfehler, z. B. Lispeln, kann sehr wohl entstehen aus einem gehemmten Biß, der durch fehlerhafte Entwöhnung verursacht worden ist. (Das wußte auch Freud - als Erfahrungswissenschaftler, wenn er nicht metaphysisch wurde.)

Meine Bücher sind voll von kurzen Abrissen der Geschichte - der Geschichte des Konzepts von Entfremdung, des Systems der Wohlfahrt, der Verstädterung, der Pflichtschule, der Anthropologie der Neurose, der Universitätsverwaltung, der bürgerschaftlichen Machtlosigkeit, der verfehlten Revolutionen usw. usf. In jedem Falle ist es mein Ziel zu zeigen, daß eine zwanghafte oder inauthentische „Lösung eines Konflikts eine unvollendete Situation für die nächste Generation hinterlassen hat, und daß die Schwierigkeiten komplexer geworden sind unter den neuen Bedingungen. Dann ist es nützlich, sich des einfachen Zustandes zu erinnern, der bestand bevor die Dinge sich falsch entwickelten; das ist als Antwort auf die Gegenwart hoffnungslos archaisch, aber es bringt Vitalität hervor und könnte ein neues Programm anregen, welches den wiederaufgenommenen Konflikt mit einbezieht. Wie Ben Nelson gesagt hat: Die Aufgabe der Geschichte ist es, die alten („überlebten") Ursachen lebendig zu halten. Natürlich, diese Überlegung setzt voraus, daß es eine Natur der Dinge gibt, eingeschlossen eine Natur des Menschen, deren richtige Entwicklung verletzt werden kann. Das ist sie.

Eine inauthentische Lösung verkompliziert, produziert ein Monster. Eine authentische Lösung vereinfacht weder, noch verkompliziert sie, sondern sie schafft eine neue Konfiguration, eine neue Spezie, die der sich weiterentwickelnden Situation angepaßt ist. Es gibt eine menschliche Natur, und es ist charakteristisch für diese Natur, sich weiterzuentwickeln und sich selbst zu verändern. Das ist die humane Bedeutung von Geschichte, nämlich die Menschen an ihre verschiedenen Wege, großartig zu sein, zu erinnern. So sind wir mathematisch, tragisch, politisch, loyal, romantisch, bürger-freiheitlich, universalistisch, experimental-wissenschaftlich, kollektivistisch usw. usf. geworden - dies akkumuliert sich auch und wird eine mächtige Last. Sie kann nicht abgelegt werden.

North Stratford, (N.H.)
August 1969